本研究由北京建筑大学研究生教育教学质量提升项目资助
（应用STATA做实证分析）

制度差异背景下城镇化进程与企业出口

刘志强 白雪飞 著

群言出版社
QUNYAN PRESS
·北京·

图书在版编目（CIP）数据

制度差异背景下城镇化进程与企业出口 / 刘志强，白雪飞著. -- 北京 : 群言出版社，2019.11
ISBN 978-7-5193-0543-7

Ⅰ. ①制… Ⅱ. ①刘… ②白… Ⅲ. ①城市化—关系—出口贸易—研究—中国 Ⅳ. ①F299.21 ②F752.62

中国版本图书馆CIP数据核字(2019)第217753号

责任编辑：李　群
封面设计：李士勇

出版发行：群言出版社
地　　址：北京市东城区东厂胡同北巷1号（100006）
网　　址：www.qypublish.com（官网书城）
电子信箱：qunyancbs@126.com
联系电话：010-65267783　65263836
经　　销：全国新华书店

印　　刷：北京虎彩文化传播有限公司
版　　次：2019年11月第1版　2019年11月第1次印刷
开　　本：787mm×1092mm　1/16
印　　张：9.5
字　　数：97千字
书　　号：ISBN 978-7-5193-0543-7
定　　价：45.00元

目　录

第一章

引 言

一、问题的提出

出口对中国经济的巨大拉动作用是有目共睹的。改革开放以来，我国凭借充足的劳动力供给形成的人口红利和积极参与全球贸易而带来的经济增长动力，实现了经济的高速增长。2013 年，我国贸易总额超过美国，成为世界第一大贸易国。中国对外贸易总量迅猛攀升的同时，贸易的内涵也逐渐有了质的变化。

然而，依靠对外贸易驱动经济增长的发展模式存在潜在的风险，随着 2008 年国际金融危机的爆发，这种潜在的风险也逐渐地显露了出来。从国际上看，受经济危机影响最为严重的西方发达国家经济复苏乏力，引致我国出口贸易外部市场需求缩减。另外，个别国家意图打破现行的国际贸易规制体系，对中国推行极端贸易保护，使我国的对外贸易面临着空前的压力与挑战；从国内来看，随着人口老龄化的加剧，劳动力成本上涨，我国对外贸易的传统优势正在减弱，人口红利渐失引致经济下行压力加大。2015 年，受多种因素叠加影响，我国货物贸易额出现继 2009 年后的再一次下降。2016 年以来，我国货物贸易虽然回稳向好，触底趋势明显，但仍存在持续下降态势。为此，《中华人民共和国国民经济和社会发展第十三个五年规划纲要》强调，要“坚持扩大内需战略，加快形成消费、投资、出口协调拉动经济增长的新局面”。进而，如何实现由投资、出口拉动，向消费、投资、出口协调驱动转变，成了学术界讨论的焦点，也是政府决策亟待解决的重大问题。

城镇化一直被认为是扩大内需、增长消费的重要载体。然而，一个亟待解答的问题是：通过推进城镇化发展从而带动内需，是否可以降低我国对出口的依赖？这一问题受到了理论与经验上的双重挑战。在理论层面，城镇化的推进带动了地区基础设施建设，降低了企业的生产成本，因此，企业高层不一定会做出降低产品出口规模的战略决策；在经验层面，随着城镇化的推进，我国的出口依存度并没有显著地降低。

城镇化的发展具有双重效应，一是农村人口向城市的空间流动，为城市生产提供了大量的劳动力，并且带动了城市的基础设施建设，如此可以降低城市企业的用工成本和生产成本，加大贸易比较优势；二是生产资料的城乡分配不均衡导致了城乡收入差距的进一步拉大，伴随着城市生活成本的提高，城镇化限制了内需的有效释放。城镇化进程具有阶段性，美国城市地理学家诺瑟姆（Ray M.Northam）研究发现，城镇化发展需要经过初级、加速和稳定三个阶段，另外城镇化的不同阶段对出口的影响是否具有差异表现的问题，还需要进一步深入研究。

除了城镇化自身的特点，作为一切经济活动的外部治理机制，法律制度环境和行政制度环境等制度因素，将通过调整各个社会阶层和社会群体之间的利益关系，干预微观经济活动等手段，影响城镇化的进程和企业的运行。法律制度环境为城镇化的健康发展提供了法律支持，也为城镇化充分发挥释放市场需求的作用营造了良好的制度环境。法律制度环境作为外部治理机制，在提高契约执行效率，加强信息披露，减少信息不对称等方面具有突出贡献，进而对降低企业的合同执行成本、信息成本等不可观测的贸易成本具有重要作用。当前我国的市场经济制度还不够完善，各级政府通过各种途径随机、直接或间接地干预微观经济活动的现象还比较普遍。党的十八届三中全会报告指出，当前限制我国经济发展的主要问题是体制问题，并提出了政治体制改革的目标和任务。2013 年以来，党中央、国务院高度重视简政放权、放管结合，大力推进行政审批制度改革，其目的就在于破除企业运行束缚，为贸易发展和经济发展提供良好的制度基础。

那么，面对城镇化进程带来的双重效应和在特殊时期我国的制度环境变迁，企业应该如何走好贸易之路，这需要我们清楚地认识城镇化水平、制度环境与微观企业出口行为的关系，从中寻找保持经济持续健康发展的有效路径。因此，本书将进一步系统地解答以下问题：

第一，我国城镇化进程是否降低了出口依存度？

第二，我国城镇化进程如何影响企业的出口抉择，是否降低了企业的出口规模？

第三，地区法律制度环境与地区行政制度环境是否影响企业的出口抉择与出口规模？

第四，在不同的法律制度环境和行政制度环境背景下，城镇化进程对企业出口行为的影响具有怎样的差异表现？

二、背景与意义

（一）对外贸易受阻

当前，出口对中国的经济平稳运行依然有着至关重要的作用，而合理解决当前的出口困境尤为关键。作为世界上最大的出口导向型经济体，出口对中国经济的巨大拉动作用有目共睹。特别是加入 WTO 以后，中国在出口贸易上取得了令人瞩目的成就，并逐步发展为世界上最大的出口贸易国。但这种外向型经济增长模式的良好表现使得其隐藏的风险未引起相关人士的足够重视。直到 2008 年国际金融危机爆发，危机的阴霾不仅使得发达国家经济收缩，增长乏力，而且通过贸易传导机制，迅速影响我国经济的健康发展，同时，个别国家意图打破现行的国际贸易规制体制，挥舞着贸易大棒，对中国推行极端贸易保护，使我国的对外贸易面临着空前的压力和挑战。

（二）中美贸易摩擦

中国与美国建交以来，两国的贸易摩擦就不断发生。20 世纪 90 年代，美国就曾三次对中国进行“特别 301 调查”。2010 年 10 月，美国贸易代表办公室宣布，应美国钢铁工人联合会申请，将按照《美国贸易法》第 301 条款，对中国政府所制定的一系列新能源政策和措施展开调查，最终中国与美国在 WTO 争端解决机制下进行磋商，同意修改《风力发电设备产业化专项资金管理暂行办法》中涉嫌禁止性补贴的内容。

特朗普就任美国总统以后，于2017年3月31日签署了两项关于贸易的行政令，核心要求之一就是评估美中贸易逆差形成的主要原因。2017年8月14日，特朗普授权美国贸易代表罗伯特·莱特希泽针对“中国不公平贸易行为”发起调查，重点调查技术转让领域，中国是否涉嫌违反美国的知识产权法，以确保美国的知识产权和技术得到保护。2017年8月18日，莱特希泽宣布将根据美国《1974年贸易法》第301条款，在技术转让、知识产权和创新等领域正式对中国发起“301调查”。

2018年3月22日，美国贸易代表办公室（Office of the United States Trade Representative，简称：OUSTR）以技术转让、知识产权争端为由，对中国展开“301调查”，开启了中美贸易摩擦。2018年7月6日，美国正式对340亿美元中国产品加征25%关税，这标志着美国政府开始对中国发动迄今为止经济史上规模最大的贸易战。作为反制措施，中国也对同等规模的美国产品加征25%的进口关税。2018年8月23日，美国对160亿美元中国产品加征25%关税，这是中美贸易冲突以来，美国第二次对中国商品加征进口关税。2018年9月17日，美国白宫宣布将对2000亿美元中国产品征收10%的关税，甚至考虑将税率提高到25%，2019年5月正式实施。

（三）城镇化与出口

以国家内部消费占其GDP的比重为判断指标，国内部分学者通过中西对比，认为出口比例过高的经济运行模式不是正常现象，建议扩大内需弱化出口比重。但是，经济的调整是一个渐进的过程，我们认为近期在政策上仍然需要扶持出口。因为，在没有细致考察中国自身经济特点和经济发展规律的情况下，仅通过一个中西对比的指标，贸然掉转政策方向，并不稳妥。事实上，西方发达国家的出口占比正在逐年增加，另外作为世界工厂，内部市场不可能有足够的空间容纳全部产品，其产品理应为世界市场服务，因此，当前中国仍然需要鼓励对外贸易。在出口阻力增大的背景下，研究促进出口问题的相关课题，其现实意义很明显。

加快新型城镇化建设是推进经济社会进步的时代趋势，继续促进出口则是当前保证出口导向型经济体经济平稳增长、规避经济波动和社会动荡的现实问题，两者之间并不孤立。一方面，出口促进一些产业部门扩张，相关生产要素也向相关行业集聚，这将持续有效地吸纳从农村迁移出来的劳动力，加速资本积累，从而推进城镇化进程；另一方面，城镇化会引致土地、资本、人力的空间集聚，为出口企业的规模化生产提供便利。企业规模经济效应会降低产品成本，城镇化引致的基础设施的完善和企业在空间上集聚的外部性同样会降低交易成本，这些都能提升相关企业的比较优势，促进其出口。因此，深入系统地研究城镇化水平对出口影响的内在机制，对于创新城镇化模式，保证地区经济平稳增长，有重要的现实意义。

（四）制度环境与出口

我国民族文化的多样性和风俗习惯的区域差异性，造成我国整体制度环境存在明显的地区差异性特点。North（1990）首先将制度差异引入市场运作的分析中，后来诸多学者证实了相对比较富裕的国家，拥有比其他国家更好的“制度”，更少的政策扭曲和更好的产权保护。我国正处于经济体制转型的关键期，各项制度尚不完善，且地区政府通过制度手段干预经济活动的现象普遍存在。因此，研究地区法律制度环境与地区行政制度环境对企业的出口抉择与出口规模的影响，并分析在不同的制度环境背景下，城镇化进程对企业出口行为的影响具有怎样的差异表现，对于保持我国贸易平稳增长，进而防范因贸易动荡可能传导到实体经济进而影响我国经济平稳增长的风险，具有重要的现实意义。

三、相关贸易理论基础

（一）对外贸易理论演变

聚焦对外贸易理论的研究，世界上主流经济学认为国际贸易可以大致分为四个阶段：古典国际贸易理论、新古典国际贸易理论、新贸易理论和新兴古典贸易理论。

古典国际贸易理论从劳动生产率的角度说明了国际贸易产生的原因、结构和利益分配，主要包括亚当·斯密的绝对优势理论和大卫·李嘉图的比较优势理论。古典国际贸易理论只用单一要素“劳动生产率差异”来说明国与国之间为什么发生贸易行为，以及生产率不同的两个国家为什么会通过国际分工与贸易来增加各自的收入与福利，但没有解释产生这种差异的原因。

新古典国际贸易理论解决了这个问题。赫克歇尔－俄林的要素禀赋理论将比较优势的差异以及这种差异的原因归结为各国生产要素禀赋的差异，从而重新解释了国际贸易的基础。比较优势理论没有确切地解释贸易利益究竟会对贸易双方的收入分配产生什么影响，为了解决这一问题，要素禀赋理论深入分析了国际贸易对贸易双方要素投入及分配的影响。

古典与新古典国际贸易理论都假定产品市场是完全竞争的，特别强调贸易的互利性，主要针对的是产业间的贸易往来，这与当代国际贸易的事实不相吻合，在这样的国际环境下，新贸易理论应运而生。新贸易理论主要研究的是规模报酬递增和不完全竞争条件下的产业内贸易。关于贸易发生的原因，新贸易理论从供给角度分析认为在不完全竞争的市场结构下，规模经济成了引起专业化经济贸易与国际贸易的重要原因。即使在各国的偏好、技术和要素禀赋都一致的情况下，也会产生差异产品之间的产业内贸易，并且国家间的差异越大，产业间的贸易量就越大，而国家间越相似，产业内的贸易量就越小。

以新古典经济学的新框架为依托的新兴古典贸易理论则以专业化分工来解释贸易的起因，力图将传统贸易理论和新贸易理论统一在新兴古典贸易理论框架之内，对贸易的原因给出了新的解释，认为分工带来的专业化经济与交易费用两难冲突相互作用是贸易的最终原因，是一种统一了贸易理论与贸易政策、国内贸易与国际贸易的内生动态优势模型，是贸易理论的新发展。

（二）对外贸易实证研究

1. 基于制度比较优势的研究

由于基于比较优势的出口依然是一项重要的经济活动，因此近年来一些学者开始从制度层面对提升一国出口竞争力的动力来源进行了研究，这些制度包括金融制度、合同履行制度和法治水平等，以下将对有关制度因素与贸易关系的文献进行回顾。

（1）从金融制度的视角来看

Beck（2003）研究了私人信用的可获得性对出口的影响，发现私人信用制度越完善，金融发展水平越高的国家在金融依赖程度越高的行业具有越好的出口表现。Matsuyama（2005）的研究表明，一个国家所拥有的恰当的金融制度有利于构建该国的金融比较优势，这种新比较优势会培育该国的新型出口模式。Chaney（2005）在 Melitz（2003）理论的基础上引入了融资约束，并且指出融资约束的存在提高了出口生产率的临界值。Manova（2013）的研究发现，金融约束对贸易的影响有 20% ~ 25% 是通过减少总产出来实现的，在其他影响途径中，三分之一的影响是通过阻碍企业出口市场实现的（扩展边际），三分之二的影响是通过限制出口规模来实现的（集约边际）。Munasib et al（2014）提出了融资约束的改善能够提升差异化产品的出口规模这一假说，并利用 88 个国家的年度金融改革相关数据对此进行了实证检验。包群等的研究也认为金融发展水平的提高有助于促进中国的出口。①

（2）从合同履行制度和法治水平的角度来看

Acemoglu et al（2007）从理论上研究了制度差异对比较优势演化的影响，认为优质的制度有助于构建制度比较优势。Levchenko（2007）研究了法治水平对出口的影响，认为较高的

① 包群，阳佳余．金融发展影响了中国工业制成品出口的比较优势吗 [J]. 世界经济，2008（3）：21-33.

法治水平有助于提高合同的执行力，有助于保证具有“锁定”属性的供应链稳定性进而会促进容易产生合同摩擦和“锁定”行业的出口。Nunn（2007）和 Costinot（2009）分别以客户定制化的投入比重和工作复杂度来度量行业的“锁定”程度，他们的研究表明，较高的法治水平促进了这些行业的出口，完善的法治和高质量的制度有助于形成制度比较优势。Nunn et al （2013）研究了不完全合同与跨国公司边界的关系，认为合同的不完全性会提高跨国公司内部的垂直一体化程度，公司内贸易的比例会相应增加。

研究者们还从其他制度因素的角度展开研究。例如，Schuler（2003）以苏联为研究对象，发现制度依赖程度更高的行业其净出口下降的幅度远远超过制度依赖程度更低的行业。Vogel（2007）把道德风险视为生产和贸易活动中产生冲突的来源，研究了不同制度条件下要素积累与贸易模式之间的关系。Chor（2010）发现金融、法治和劳动力流动制度是提升各国比较优势和促进贸易规模的重要因素。Feenstra et al（2012）运用中国省际制度质量以及出口数据展开研究，发现制度质量更会影响对合约执行力较敏感的加工贸易和外资企业出口的模式。

2. 出口－生产率悖论的研究

自 Melitz（2003）构建了基于生产率异质性企业出口的一般均衡模型以来，微观企业的出口行为已成为国际贸易研究的前沿问题，而且生产率的差异是企业异质性的核心。Melitz（2003）的基本观点是，由于企业所面临的出口固定成本较高，只有高生产率的企业才能支撑这一成本从而致力于出口活动，而低生产率的企业只能在国内销售。大量的研究从理论和实证两方面证实了这一观点，即生产率能够显著地促进企业的出口行为，且出口商的平均生产率要高于非出口商（Bernard et al，2003；Bernard，2007；Joachim，2007,2013；Melitz et al，2008；Ronny，2012）。然而，中国的一系列的经验研究却发现了不一样的结果，即出口企业的生产率显著低于内销企业，这与最新的异质性企业贸易理论的核心结论正好相反。并且，这一现象在加工贸易企业、外资企业和出口密集度高的企业中更加明显。

针对这一现象，国内学者提出了“生产率悖论”假说，研究发现，中国出口商的生产率并不总是高于非出口商，甚至某些行业出口商的平均生产率还要低于非出口商。进一步的研究还发现“生产率悖论”是由中国制造业中存在大量生产率不高，且利润率很低的加工贸易造成的。这些致力于加工贸易的企业通常面临较低的出口固定成本，因此低生产率的加工贸易企业能够承受较低的固定成本从而参与国际竞争。另外，“生产率悖论”也可能与我国出口企业的行业密集度、外商直接投资和地方性行政垄断有关。

3. 对贸易边际的研究

Melitz（2003）开创的厂商异质性贸易理论奠定了“新－新贸易理论”（New-New Trade Theory）的重要基础，目前已成为国际贸易理论的重要内容之一。新－新贸易理论不仅充分解释了异质性企业的贸易模式，还将一国的出口增长分解为“扩展边际”

（Extensive Margin）和“集约边际”（Intensive Margin），即出口增长的“二元边际”。

众多文献基于各自对贸易边际的定义，对出口增长的二元边际进行了直接的测算。Bernard et al（2003）使用美国制造业贸易数据证明了扩展边际在促进出口增长方面的重要作用。Hummels et al（2005）认为集约边际还可进一步分解为价格和数量上的变化，因此，他们使用分解集约边际的处理方法，构造了包含新产品种类在内的进口价格指数，明确给出了贸易二元边际的表达式。Amiti et al（2007）发现，1992 年以来，中国对美国出口的产品种类增加了 40%，但扩展边际对中国出口增长的贡献仅为 15%，中国对美国出口增长主要源于集约边际。Eaton et al（2011）使用企业层面的数据分析表明法国出口总量变化的最主要原因是出口企业数量的变化。

（三）我国对外贸易制度的演变

1. 计划经济时期的对外贸易制度

新中国成立之初，为了扭转国内贫困落后的局面，集中各种资源加快中国重工业发展，中国政府效仿苏联，开始实行高度集中的计划经济体制。在计划经济体制下，包括对外贸易在内的一切经济活动都要服从行政指令。国家对对外贸易实行经营权与管理权合为一体的制度，政企不分的特征极为突出。由于面临的国际形势严峻而复杂，中国强调独立自主、自力更生，对外贸易活动受到了意识形态和国际政治因素的强烈干扰，产生了极大的交易成本。对外贸易制度建设滞后，缺乏制度创新的动力，更没有形成对外贸易制度的比较优势。因此，当时中国的对外贸易无论在贸易范围方面还是在贸易规模方面都受到了极大限制。

2. 改革开放后的对外贸易制度

1978 年十一届三中全会以后，中国确立了改革开放的总方针，并开始由计划经济体制向社会主义市场经济体制转轨，中国对外贸易制度改革也逐渐展开。不同于计划经济体制时期对对外贸易的忽视，改革开放以后，中国认识到了对外贸易的重要性，并积极探索对外贸易制度的改革。在探索过程中，中国先后采取了放权让利，推行外贸承包制，取消外贸财政补贴，进一步完善承包制以及实行汇率改革，加强宏观管理等措施，使改革在层次上逐步递进，对外贸易制度逐步完善。1994 年，中国颁布了《中华人民共和国对外贸易法》，这是新中国第一部对外贸易基本法，较为全面、系统地构建了中国对外贸易管理的法律体系，为打造健全的、公开透明的对外贸易环境以及对外贸易发展机制提供了法律保障。同时，这部法律也为中国成功加入世界贸易组织奠定了基础。2004 年 7 月新修订的《中华人民共和国对外贸易法》正式实施。经过一系列的制度创新，逐步降低了中国对外贸易的交易成本，促使中国的对外贸易情况发生了巨大变化，对外贸易规模持续扩大，对外贸易结构也不断优化。

3. 加入 WTO 以后中国对外贸易快速发展时期

2001 年 12 月 11 日，中国正式加入世界贸易组织，从而打破了中国对外贸易发展的一大障碍，极大地降低了交易成本，使中国对外贸易开始登上一个新台阶。为了加快融入世界贸易体制，中国努力适应并履行 WTO 的各项制度。从中国加入 WTO 到 2008 年金融危机的这段时间里，中国对外贸易制度的最大变化便是自由化。加入 WTO 以后，为适应 WTO 的贸易规定，中国大幅度削减关税，不断完善中国的市场经济制度，努力建立一个公平的市场竞争环境。此外，中国也对对外贸易制度进行改进和完善，由原来的政策导向型的对外贸易向与国际经济接轨的制度型对外贸易转变；由面向有限范围和特定领域的对外贸易向面向全方位和全领域的对外贸易转变；由单边、自主的开放向双向、多边、有法律约束力的相互开放转变。对外贸易制度的一系列改革使对外贸易交易成本不断降低，使中国得以快速融入经济全球化的浪潮之中。可以看出，从 2002 年到 2008 年，中国对外贸易额年增长率基本保持在 20% 以上，这证明加入 WTO 大大促进了中国对外贸易的发展。

4. 金融危机以后的时期

2008 年美国的“次贷”危机引发了全球范围内的金融危机，使全球经济陷入萧条境地，特别是对国际贸易产生了巨大的影响。很多国家在金融危机爆发以后，对进口商品的需求持续减少，许多外贸企业纷纷倒闭。受金融危机影响，中国在 2008 年以后的进出口贸易增长也明显放缓，2009 年甚至达到负值（−13.8%）。对外贸易增长率之所以不断下降，除了受金融危机的影响外，也与中国劳动力成本上升导致生产成本上升有关。这使得中国原来源自生产成本的比较优势渐渐消失，而对源自外贸制度创新的比较优势的需求越来越强。因此，国家大力进行对外贸易制度创新，使对外贸易得以恢复和发展。通过对中国对外贸易制度改革的回顾可以看出，中国对外贸易取得的巨大进步很大程度上源于制度创新带来的交易成本降低。中国从计划经济体制时期对对外贸易的忽视，到改革开放以后对对外贸易的重视和一系列改革，再到依赖对外贸易，从而成为外向型经济国家，最终成为贸易大国，这个过程体现了中国对对外贸易地逐步重视。投资、消费和出口是拉动经济的“三驾马车”，如果只注重投资和消费，就不利于中国经济的稳步发展。在经济全球化的今天，如果不加快融入世界经济体系，只能为世界所淘汰。正因为认识到这一点，中国政府在改革开放以后大力支持对外贸易发展，采取放宽对外贸企业的行政管制等措施鼓励出口。此外，中国对外贸易制度改革本质上是制度创新的过程。中国对外贸易的发展只依靠观念的转变是远远不够的，还有赖于中国对外贸易制度的完善。中国对外贸易制度不断地尝试、摸索，促成了一次又一次制度创新，改善了中国对外贸易的环境，节约了交易成本，不断打造中国在对外贸易制度方面的制度比较优势，从而使中国在对外贸易中获得巨大的利益。不可否认的是，在这一系列制度创新中，改革开放本身以及加入世界贸易组织是最大的制度创新，它们对中国对外贸易制度的改革与发展产生了巨大的促进作用。

四、方法、数据与思路

（一）研究方法

本书注重统计分析与实证分析相结合，理论分析与对策分析相结合。考虑到适用性和可操作性的问题，将主要采用以下研究方法：①运用高等数理统计分析法，对相关变量的关系进行初步探测；②实证分析方面涉及面板数据固定效应模型、面板数据二元选择固定效应模型、Heckman 样本选择模型等。具体的实证方法如下：

第一，实证分析中应用面板数据双向固定效应模型。分析地区城市化水平对企业出口行为的影响，涉及横向维度中企业所处地区城市化水平之间的差异，同时也涉及时间维度上地区城市化水平的动态演绎因素。利用双向固定效应模型进行回归，可以很好地控制不随时间而变的企业个性特点和随时间而变的企业共性特征，一定程度上可以解决模型的遗漏变量问题。当然，在采用双向固定效应模型前，还需要利用 F 检验，判断是否存在个体效应，需要利用 Hausman 检验，判断应该使用固定效应还是随机效应模型。

第二，实证分析中应用面板数据二元选择固定效应模型。我们关心的问题中有制度环境、城市化水平对微观企业出口选择的影响，而企业出口选择为二元虚拟被解释变量（企业选择出口为 1；反之，则为 0），具体实证应该应用二元因变量选择固定效应模型。

第三，实证方法中应用 Tobit 模型。由于企业出口交货值为归并数据，使用 OLS（最小二乘估计）估计不一致，因此需要使用 Tobit 模型，但该模型的局限性是对分布的正态性要求过于严格。

第四，实证分析中应用 Heckman 样本选择模型。我们选用的“工业企业数据库”中“企业出口交货值”变量存在大量零值，使用固定效应模型可能存在样本选择偏误，可以使用 Heckman 模型进行纠正。

（二）数据来源及处理

本书将“中国地区性法律制度环境指数”“中国地区性行政垄断指数”“中国工业企业数据库”《中国城市统计年鉴》和《中国统计年鉴》五类数据进行匹配，最终得到 2004—2009 年 2,515,408 个观测样本。

中国地区层面数据包括地区城镇化水平、地区教育水平等，主要来源于《中国城市统计年鉴》和《中国统计年鉴》，样本年份是 1996—2015 年。

中国地区法律制度环境指数数据来自樊纲等（2011）主编的《中国市场化指数》一书。该书使用基本相同的指标体系，从政府与市场的关系、产品市场的发育程度、非国有经济的发展、要素市场的发育程度、市场中介组织的发育和市场法治环境这五个方面对全国各省市 1997—2009 年的市场化进程进行了测度和比较，基础数据的计算全部基于权威机构的统计数据或企业调查数据，比较全面和客观，被学术界广泛使用；中国地区性行政垄断指数，数据源于于良春等测算的地区性行政垄断指数，这一指数基于市场分割和地方保护来度量地方政府行政性垄断对于本地经济的影响，能够更加全面地反映中国各省的地区性行政垄断程度，统计年份为2000—2006年。①

企业层面指标数据均来自“中国工业企业数据库”。此数据库涵盖了国内国有企业和规模以上（主营业务收入超过500万元）非国有企业平均每年100多个指标的信息，比较完整地体现了我国工业企业的真实经济情况。企业层面指标数据参照余淼杰的方法和国际会计准则对数据进行处理，并剔除了异常观测值。②另外，由于自2003年以后采用新的国民经济行业代码，因此，通过新旧行业代码的比照，把2003—2011年企业的代码进行了转换。

（三）研究思路

本书主要研究城镇化水平、制度环境对企业出口行为的影响，以及制度环境的地区差异性导致的城镇化水平对企业出口行为影响的不同表现。具体的研究思路如下：

第一，通过文献梳理以及初步数据分析，考察我国城镇化水平与出口贸易的演变趋势。

第二，运用双向固定效应回归模型和二元选择固定效应估计模型等高等数理统计估计方法，研究城镇化水平、制度环境对我

① 于良春，余东华．中国地区性行政垄断程度的测度研究[J]．经济研究，2009（2）：119-131.

② 余淼杰．中国的贸易自由化与制造业企业生产率[J]．经济研究，2010（11）：97-110.

国出口依存度和企业出口行为的影响，利用截面数据 Tobit 模型和 Heckman 样本选择模型处理内生性问题。

第三，利用统计学原理构建回归模型，并利用相应的数学手段解决自相关、异方差、多重共线性等问题。

第四，分别从法律制度环境和行政制度环境两个方面，研究制度环境对微观企业出口行为的影响，以及在不同制度环境背景下，城镇化水平对企业出口行为影响的差异表现。

五、概念界定

第一，城镇化发展水平。城镇化是社会生产力发展的必然产物，是人文与经济地理学研究的核心领域之一。不同学科研究城镇化内容侧重点不同：人口学认为，城镇化是指农村人口不断被吸引进入城市就业，城市人口规模随之增长的过程，即人口城镇化；地理学认为，城镇化是伴随着城市人口规模增长，农村地域向城市地域转化，使城市空间面积扩张的过程，即土地城镇化；社会学认为，城镇化是农村的生产、生活方式向城市的生产、生活方式转化的过程，即经济城镇化。本书将从人口城镇化方面考察地区城镇化发展水平。

第二，企业出口行为。本书所阐述的企业出口行为主要包含两个方面：一方面是企业是否出口（出口可能性）。另一方面是企业出口多少（出口规模）。异质性企业贸易理论将一国出口增加分解为“集约边际”和“拓展边际”（合称为“二元边际”），前者指因贸易规模的增加而导致的贸易额增长的部分，后者指新增贸易产品、企业或对象使贸易额增加的部分。

第三，地区制度差异。本书分别考察行政制度环境、法律制度环境两个地区性制度环境指标对城镇化与企业出口行为的调节作用。法律制度环境指数数据均来源于樊纲等（2011）主编的《中国市场化指数》一书。行政制度环境指标数据来源于于良春等（2009）测算的地区行政垄断指数。

第二章

文献梳理与空间态势

一 、文献梳理

（一）城镇化水平与企业出口

聚焦于城镇化的发展与我国对外贸易的关系，学术界从投资驱动、人口红利、工业化进程、收入差距等视角，就城镇化水平与我国企业出口规模的关系展开了激烈讨论，基本形成了以下两种不同的观点：

其一，部分学者认为，城镇化的推进通过释放国内需求，可以降低中国经济对于出口的依赖程度。也就是说，城镇化对出口贸易具有负向影响。对于这个论断，学者们基于不同视角进行了影响机制解读。从投资驱动视角来看，城镇化引致的新投资需求将有助于消耗过剩的产能，而对这些过剩产能的消耗，则相应降低了中国对出口的依赖；从人口红利视角来看，姚洋等认为大量的农村劳动力和较低的城镇化水平共同决定了中国的外向型经济增长模式，进而做出了提高城镇化水平对出口具有阻碍作用的论断，[①] 并被陈松等用我国省级面板数据经验分析所证实；[②] 从工业化进程视角来看，周天勇认为中国城镇化与工业化的不协调发展，特别是中国的城镇化水平远滞后于工业化发展水平，

① 姚洋，余淼杰，劳动力人口和中国出口导向的增长模式[J]. 金融研究，2009（9）：1-13.

② 陈松，刘海云．人口红利、城镇化与我国出口贸易的发展[J]. 国际贸易问题，2013（6）：57-66.

造成供给相对于需求的过剩局面，是我国经济增长要依赖于出口来带动的主要原因。因此，提高城镇化水平，减小与工业化水平的差距，是我国经济摆脱对出口贸易依赖的根本途径。①

其二，另有部分学者基于经验分析，对同一问题提出了相反的观点。Hellman（2001）通过对美国新泽西州32个行业数据的实证研究，发现人口集聚对地区出口具有促进作用。马丹证实了中国城镇化水平与出口依存度具有同向性的认断，并从收入差距的视角诠释了出现这一现象的原因，认为内生于城镇化进程的收入差距扩大和外生的收入差距扩大共同造成了出口依存度上升的效应，该效应强于城镇化通过促进投资渠道对出口依存度的降低效应。②许昌平在研究集聚因素对企业生产率和出口决定的影响时，发现因城镇化而产生的集聚效应对企业出口决策的影响呈同向性。③王树柏等在研究出口质量时同样发现城镇化水平有助于出口质量的提升。④

从当前学术界的研究结果可以看出，城镇化水平与企业出口究竟存在怎样的关系，这个问题并没有得到一个准确的答案。部

① 周天勇．中国向何处去[M]. 北京：人民日报出版社，2010.

② 马丹．城镇化能降低中国的出口依赖吗[J]. 经济理论与经济管理，2013（10）：38-49.

③ 许昌平．基于集聚效应的企业研发、创新、生产率和出口——来自结构模型的证据[J]. 当代财经，2016（4）：92-101.

④ 王树柏，李小平．提高碳生产率有助于出口质量提升吗——基于166个经济体跨国面板数据的分析[J]. 国际贸易问题，2017（1）：93-103.

分学者就城镇化率从不同渠道对出口依存度的影响进行了研究，得出了城镇化率可以降低中国经济对出口依存度的结论。但随着研究的深入，另外一部分学者并没有再次证实这一结论，而是得到了相反的结论。学者们的意见并不统一，原因可能是，学者们均基于城镇化水平与企业出口具有线性关系的假设，忽略了城镇化进程的阶段性特征，所以得出了不同的结论。

（二）法律制度环境与企业出口

法治环境是制度环境的一个重要表征，通过降低不确定性交易风险，降低信息的不对称性，减少个体间交易成本等渠道，提升所辖经济体总体运行绩效。众多学者已经证实，一定程度上，拥有更好的“制度”、更少的政策扭曲和更有力的产权保护的国家相比于其他国家更加富裕。我国作为一个社会主义法治国家，正面临着市场经济体制转型升级。法律制度自然成了影响我国微观经济主体行为和区域经济发展的重要因素。

聚焦法律制度环境与企业出口，众多学者证实，法律制度环境有助于构建新型比较优势，进而成为出口动力的新源泉。Anderson et al（2004）认为传统比较优势贸易理论在分析企业出口决策过程中，都忽略了包括非关税壁垒、信息成本、合同执行成本和制度差异等在内的不可直接观测的成本。Novy（2006）同样认为随着运输和通信技术的发展以及世界一体化进程地不断加快，与制度密切相关的不可观测的成本越来越难被忽略。基于我国的经验分析，张杰等分析了制度扭曲对中国本土企业出口扩张的影响。Feenstra et al（2012）的研究表明，制度质量对我国各省份的出口模式产生显著的影响，[①]而且对加工贸易和外资企业等高契约依赖度企业的贸易模式更加重要。另外，学者们分别从产品差异化、复杂度和契约密度视角，应用国家和企业层面数据，提供了契约制度对出口结构影响的系列经验证据。

（三）行政制度环境与企业出口

以市场经济制度相对完善为研究假设所构建的新古典国际贸易理论、新贸易理论和新－新贸易理论对贸易行为从不同的视角进行了诠释，形成了较完善的贸易理论研究框架，但此框架对非市场经济体制下政府频繁干预具体市场行为，进而影响宏观或微观企业贸易的现象没有足够重视。实际上，处于体制转型时期的经济体，市场机制的作用有限，行政部门在一些项目审批和资源分配上仍占据最终的裁定权，存在明显的行政垄断现象。当前我国正处于经济体制转型时期，行政垄断经济发展现象普遍存在，各地政府通过设置各种市场进入壁垒，以限制行业内公平竞争。这种通过行政政策干预市场竞争的行为，将加剧企业的生存风险。

聚焦于行政垄断对市场经济运行的影响研究，学者认为地区行政垄断已成为我国经济持续高速增长最大的制度障碍，主要表现在对资源有效配置的扭曲和对市场公平竞争的限制与排斥上，这将导致市场的非整合状态引致市场分割。一方面，地区性行政垄断通过其主导的非经济力量干预生产要素的自由流

① 张杰，刘志彪，张少军．制度扭曲与中国本土企业的出口扩张[J]．世界经济，2008（10）：3-11．

动，使市场调节机制无法在要素市场上发挥作用，严重扭曲了资源的有效配置，阻碍了全国统一大市场的形成；另一方面，于良春认为地区性行政垄断是地方机构运用自己掌控的公共权力对外来竞争的限制和排斥，保持对本地市场的排他性独占，最终将造成市场分割；[①]金碚认为这种政府运用行政力量限制或排斥市场竞争的行为，导致了市场的非整合状态的不良结果，最终会降低经济绩效。[②]

聚焦于地区性行政垄断与企业出口的关系，学者认为，地区行政垄断对资源配置和市场竞争的干预，在全国范围内造成的排他性地区市场分割，可能成为企业进行出口扩张的一个重要刺激因素。贺振华认为行政垄断地区的政府官员存在潜在的寻租激励，可能导致重复建设和产能过剩等问题，当受行政保护的地方市场无力消化过剩的产能时，势必依靠出口完成产能的输出；[③]盛丹实证发现地方性行政垄断扭曲了企业的出口行为，是形成“生产率悖论”的重要原因。[④]刘志强和卢崇煜利用二元因变量固定效应模型研究发现，行政垄断对企业出口决策具有促进作用，并且对受行政限制较少的国有企业的促进作用明显弱于民营企业和外资企

① 于良春．反行政性垄断与促进竞争政策前沿问题研究[M]．经济科学出版社，2008.

② 金碚．竞争秩序与竞争政策[M]．北京：社会科学文献出版社，2005.

③ 贺振华．寻租、过度投资与地方保护[J]．南开经济研究，2006（2）：64-73.

④ 盛丹．地区行政垄断与我国企业出口的“生产率悖论”[J]．产业经济研究，2013（4）：70-80.

业，对外资企业的促进作用最强；姜琪利用面板固定效应模型实证检验了我国 28 个省市的行政垄断与净出口的关系，发现行政垄断与出口存在正向关系。①

二、发展态势

（一）中国城镇化进程概述

改革开放前，我国以发展农村经济为主，因而，由农村向城市流动的人口数量较少。1978 年，我国城镇化率仅为 17.9%。1978 年之后，随着改革开放的不断深入以及市场经济的蓬勃发展，城镇化也进入了一个快速发展时期，尤其是在 1992 年之后，城镇化率每年以 1.19% 的速度提高，到 1996 年，我国城镇化率达到 30.48%，截至 2016 年，我国城镇化率达到了 57.3%。图 2-1 描述了自 1978 年到 2015 年我国城镇化率的变化趋势。城镇化进程具有阶段性，美国城市地理学家诺瑟姆（Ray M.Northam）研究发现城镇化发展需要经过初级阶段（10%~30%）、加速阶段（30%~65%）和稳定阶段（高于 65%）三个阶段，总体变化趋势呈"S"形曲线。中国的城镇化早在 1996 年就已经步入城镇化发展的加速阶段，现在正处于加速阶段后期。针对中国的城镇化进程，陈昌兵在研究城镇化率与消费和投资的关系时，将城镇化进一步细分为城市规模化阶段和市民化阶段，在城镇化进程的初期，随着城市人口的增加，城市土地面积相应扩大，进而带动了城市

① 姜琪．行政垄断如何影响中国的经济增长——基于细分视角的动态分析框架 [J]. 经济评论，2015（1）：103-117.

的基础设施、住房等投资需求，但是，刚刚进入城市的农村居民并不能真正地融入城市生活，其消费水平和价值观念还保持着在农村时的状态。这一阶段称为“城市规模化阶段”。当城镇化发展到后期，农村居民在城市的生活逐渐稳定，并能享受与城市居民同等的待遇，其消费水平和价值观念也逐步提升，真正融入城市当中，这一阶段称为“市民化阶段”。①

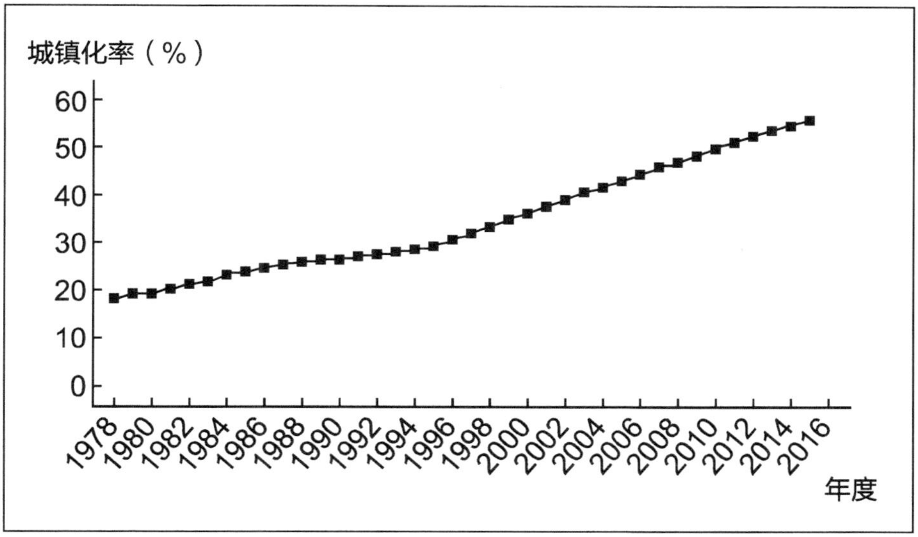

图 2-1　1978—2015 年我国城镇化率趋势图

注：数据来源于历年《中国统计年鉴》

（二）对外贸易情况概述

图 2-2 显示的是我国的出口贸易总额占 GDP 的比重，由图可以看出，我国的出口贸易总额占 GDP 的比重由 1978 年的 4.62% 扩大到了 2006 年的 35.65%，但 2006 年后出现了下降趋势，到

① 陈昌兵．城镇化与投资率和消费率间的关系研究[J]．经济学动态，2010（9）：42-48.

2015 年下降到了 20.48%。总的来说，中国的出口依存度出现先增长后降低的态势。

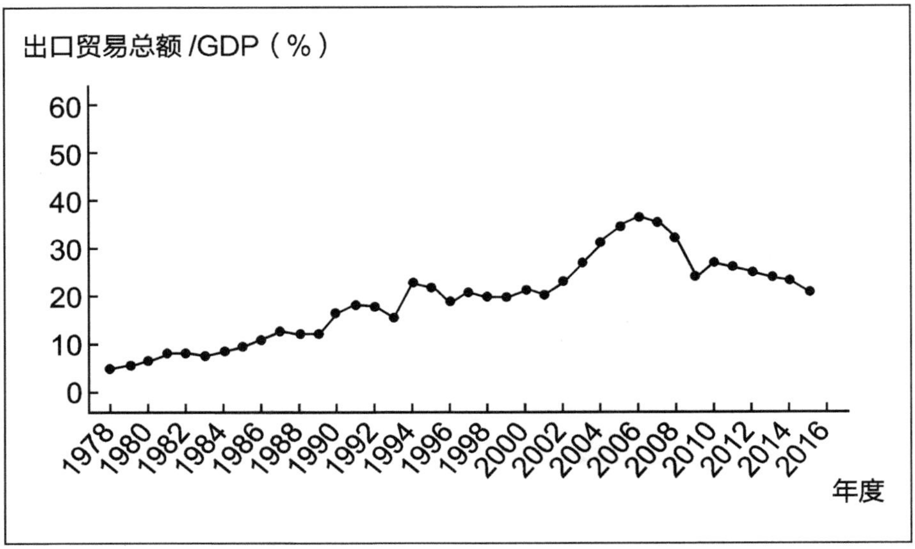

图 2-2　1978—2015 年我国出口贸易总额占 GDP 比重趋势图

注：数据来源于历年《中国统计年鉴》

（三）城镇化水平与出口关系比较

对比我国城镇化发展进程与出口结构变化趋势，不难发现，随着城镇化水平的提高，中国的出口依存度出现先增长后降低的态势。据此，本书初步认为中国城镇化率与出口依存度之间或许并非简单的线性关系。我们进一步将出口依存度与城镇化率进行二次函数关系模拟得到图 2-3 所示的曲线图。结果显示，出口依存度与城镇化率呈现较明显的倒 U 形关系，据此我们推测，在城镇化进程的不同阶段，城镇化对出口依存度的影响机制与影响效果可能存在差异。

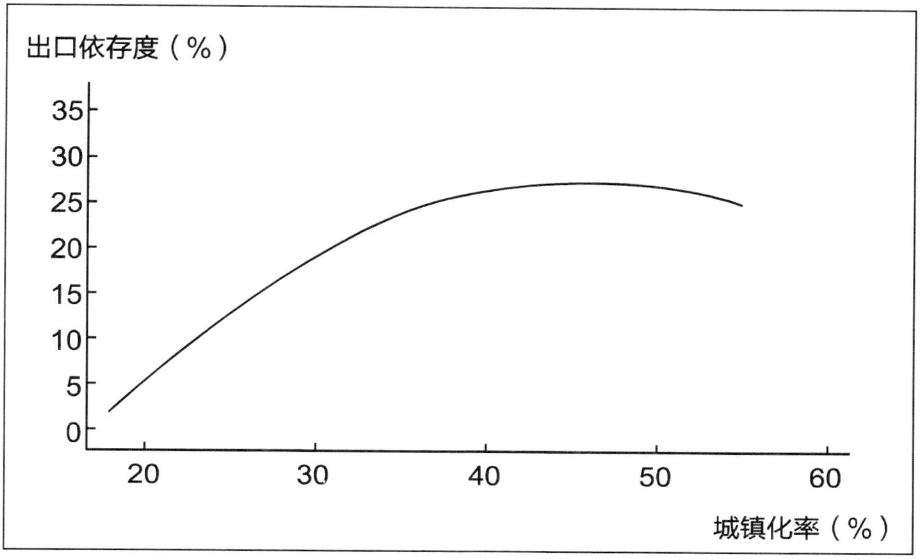

图 2-3 出口依存度与城镇化率的二次模拟图

注：数据来源于历年《中国统计年鉴》

三、本章小结

本章节整理了现有的研究成果，梳理了相关研究脉络，并对现有研究的可改进之处进行了简要评述。总结现有研究成果发现，学术界基于城镇化与企业出口为线性关系的原假设，得出了两种完全相反的观点。并不是学者们的研究结论出现了错误，而是他们忽略了城镇化与企业出口之间存在非线性关系的可能性，并且没有考虑到因我国地区制度环境的差异性导致的二者关系的动态变化。本章基于统计数据，进一步考察了人口城市化与出口的动态演变趋势。

第三章

统计理论依据与实证方法

一、多元线性回归模型及其假定

（一）多元线性回归模型

多元线性回归模型适用于分析一个因变量和多个自变量之间的关系。假设一个回归模型中有 $p-1$ 个自变量，则该多元线性回归模型可以表示为：

$$y_i = \beta_0 + \beta_1 x_1 + \beta_2 x_2 + \beta_3 x_3 + \cdots + \beta_{(p-1)} x_{(p-1)} + \varepsilon_i \quad (3-1)$$

其中，y_i 表示个体 i（i=1，2，…，n）的因变量取值，模型中有 $p-1$ 个自变量，β_0 为截距项参数，β_1，…，$\beta_{(p-1)}$ 为斜率参数。由于该回归模型包含多个自变量，因此将公式（3-1）称为多元回归模型。

如果我们定义以下矩阵：

$$Y_{n\times 1} = \begin{bmatrix} y_1 \\ y_2 \\ \vdots \\ y_i \\ \vdots \\ y_n \end{bmatrix} \qquad X_{n\times 1} = \begin{bmatrix} 1 & x_{11} & x_{12} & \cdots & x_{1(p-1)} \\ 1 & x_{21} & x_{22} & \cdots & x_{2(p-1)} \\ \vdots & \vdots & \vdots & \cdots & \vdots \\ 1 & x_{i1} & x_{i2} & \cdots & x_{2(p-1)} \\ \vdots & \vdots & \vdots & \cdots & \vdots \\ 1 & x_{n1} & x_{n2} & \cdots & x_{2(p-1)} \end{bmatrix}$$

$$\boldsymbol{\beta}_{n\times 1} = \begin{bmatrix} \beta_1 \\ \beta_2 \\ \vdots \\ \beta_i \\ \vdots \\ \beta_n \end{bmatrix} \qquad \boldsymbol{\varepsilon}_{n\times 1} = \begin{bmatrix} \varepsilon_1 \\ \varepsilon_2 \\ \vdots \\ \varepsilon_i \\ \vdots \\ \varepsilon_n \end{bmatrix}$$

那么，采用矩阵的形式，一般线性回归模型（3–1）就可以简单地表示为：

$$\mathbf{Y}_{n\times 1}=\mathbf{X}_{n\times p}\boldsymbol{\beta}_{p\times 1}+\boldsymbol{\varepsilon}_{n\times 1} \tag{3-2}$$

（二）多元线性回归模型的基本假定

（线性假定）要求Y的条件均值是所有自变量X的线性函数，即：$E(\mathbf{Y}|\mathbf{X})=\mathbf{X}\boldsymbol{\beta}$。（假定1）

其中，Y是由因变量观测值组成的 $n\times 1$ 的列向量，X是由自变量观测值组成的一个 $n\times p$ 的矩阵，且 $p<n$。也就是说，Y在X下的条件期望可以表示为X的线性组合。这个条件期望公式即所谓的回归方程。注意，模型要求 $\mathbf{X}'\mathbf{X}$ 必须是非奇异矩阵。

（严格外生性假定）要求扰动项 $\boldsymbol{\varepsilon}$ 与每一个自变量都不相关，即 $Cov(\mathbf{X},\boldsymbol{\varepsilon})=0$，意味着 $E(\boldsymbol{\varepsilon})=0$，$E(\mathbf{X}'\boldsymbol{\varepsilon})=0$，该假定保证了OLS是无偏估计。（假定2）

（i.i.d.假定）独立同分布假定，要求总体回归模型的扰动项满足彼此之间的相互独立，并且服从同一分布。（假定3）

在这样的假定下：

$$Cov(\varepsilon_i,\varepsilon_j)=0,\ i\neq j$$

$$Var(\varepsilon_i)=\sigma_i^2=\sigma^2$$

以矩阵的形式，该假设也可以表示为：

$$Var(\boldsymbol{\varepsilon}|X)=\sigma^2\mathbf{I}$$

其中I为 $n\times n$ 阶单位矩阵。根据高斯–马尔科夫定理（Gauss–Markov Theorem），若满足假定2与假定3，则采用最小二乘法得到的回归参数估计将是所有估计中的最佳线性无偏估计（Best Linear Unbiased Estimator，简称 BLUE）。

在假定 2 下，利用最小二乘法可以得到回归参数的无偏估计。在满足假定 3 的条件下，依据高斯–马尔科夫定理，可以证明 OLS 的估计结果是所有线性无偏估计中方差最小的，即 OLS 是最有效的。

（正态性假定）在小样本的情况下，要求 $\varepsilon_i \sim N(0, \sigma^2)$，该假定使得 OLS 估计可被理解为是最佳的无偏估计。对于大样本的情况，根据中心极限定理，即使不满足正态分布，我们仍然可以对回归参数进行估计。（假定 4）

不存在严格多重共线性，即矩阵 X 列满秩。（假定 5）

（三）多元回归参数的估计

对于模型（3–2）记 $\tilde{\beta}$ 为未知参数向量 β 的任意一个假象值。则第 i 个数据的拟合残差为 $e_i = y_i - X_i'\tilde{\beta}_i$，将所有的残差放在一起得到残差向量为 $e=(e_1 e_2 \cdots e_n)' = Y - X\tilde{\beta}$。最小二乘法寻找能使残差平方和 $SSR = \sum_{i=}^{n} e_i^2 = e'e$ 最小的 $\tilde{\beta}$。

$$
\begin{aligned}
SSR(\tilde{\beta}) &= (Y - X'\tilde{\beta})'(Y - X'\tilde{\beta}) \\
&= Y'Y - Y'X\tilde{\beta} - \tilde{\beta}'X'Y - \tilde{\beta}'X'X\tilde{\beta} \\
&= Y'Y - 2Y'X\tilde{\beta} + \tilde{\beta}'X'X\tilde{\beta}
\end{aligned}
$$

通过对上述残差平方和进行最小化，就可以得到总体参数的最小二乘估计 b。对上式求 $\tilde{\beta}$ 的一阶导数并令其等于零：

$$
\frac{\partial(SSR)}{\partial\tilde{\beta}} = -2X'Y + 2X'X\tilde{\beta} = 0
$$

求解上述方程的最小二乘估计量为：

$$b=(X'X)^{-1}X'Y$$

可以证明在假定 2 的情况下，b 是总体参数 β 的无偏估计。求 b 的期望：

$$E(b)=E[(X'X)^{-1}X'Y]=E[(X'X)^{-1}X'(X\beta+\varepsilon)]$$

$$=E(\beta)+(X'X)^{-1}E(X'\varepsilon)=E(\beta)=\beta$$

其中，根据假定 2 中 $E(X'\varepsilon)=0$，因此 b 是总体参数 β 的无偏估计。根据假定 5 可知黑塞矩阵$\frac{\partial^2(SSR)}{\partial\tilde{\beta}^2}=2X'X$为正定矩阵，因为 X 列满秩，所以 X′X 为正定矩阵，满足二阶条件。因此，数据拟合得到的回归方程可以写成如下形式：

$$\hat{Y}=Xb$$

样本估计模型的残差为：

$$e=Y-\hat{Y}$$

其中 e 与 $\hat{Y}$ 是正交的，因为

$$\hat{Y}'e=(Xb)'e=b'X'(Y-Xb)=b'\underbrace{(X'Y-X'Xb)}_{=0}=0$$

因此，被解释变量 y 可以被分解为两个正交的部分，即 $Y=\hat{Y}+e$。

另外，由于扰动项 ε 不可测，而样本残差 e 可以近似的看成是 ε 的真实值，故可以用 e 的方差估计扰动项 ε 的方差 σ^2。

$$s^2=\frac{1}{n-p}\sum_{i=1}^{n}e_i^2$$

因为估计了 p 个参数，导致用于估计总体扰动项的自由度只剩下 $n-p$ 个。

二、面板数据

使用面板数据的优势在于可以解决遗漏变量问题，提供更多个体动态行为信息，样本容量大。

面板数据（Panel Data），指的是在一段时间内跟踪同一组个体的数据。它既有横截面的维度（n 位个体），又有时间的维度（T 个时期）。通常的面板数据 T 较小，而 n 较大，在使用大样本理论时让n趋于无穷大，这种面板数据被称为“短面板”(Short Panel)。反之，如果 T 较大，而 n 较小，则被称为“长面板”（Long Panel）。如果解释变量包含被解释变量的滞后值，则称为“动态面板”（Dynamic Panel），反之，则称为“静态面板”（Static Panel）。本书所使用的数据为静态短面板数据。

使用面板数据的主要优点如下：

第一，可以解决遗漏变量问题。遗漏变量偏差是一个普遍存在的问题，遗漏变量问题常常是由不可观测的个体差异或“异质性”造成的，面板数据则可以很好地解决“不随时间变化”的个体差异导致的遗漏变量问题。

第二，提供更多个体动态行为信息。由于面板数据同时有横截面与时间两个维度，因此，可以解决单独的截面数据或时间序列数据所不能解决的问题。

第三，样本容量较大。由于同时拥有截面维度与时间维度，因此面板数据的样本容量更大，从而可以提高估计的精确度。

三、双向固定效应模型

（一）理论依据

使用双向固定效应对面板数据进行估计，既可以控制随时间变化但不随个体变化的时间效应，也可以控制不随时间变化但随个体变化的个体效应，能够很好地解决因数据无法观测而造成的使用普通最小二乘法引致遗漏变量的问题。

估计面板数据的一个极端策略是将样本看作是不存在个体差异的。另一个极端策略则是，存在个体差异，且个体间相互独立。前者假设每一个个体具有相同的回归方程，恰恰忽略了个体的异质性，导致遗漏变量问题的出现；后者则假设每个个体都拥有一个独立的回归方程，对样本量需求较大。比较好的解决办法是，假设每一个个体具有不同的截距项，如此就可以控制个体的异质性，这种模型被称为“个体效应模型”。假设模型为：

$$y_{it} = x_{it}\beta + z_i\delta + u_i + \varepsilon_{it} \quad (3-3)$$

其中，z_i 表示统计样本个体特征，即只因个体而异，不随时间而变的因素，x_{it}为解释变量，u_i为个体随机截距项，ε_{it}为扰动项。要求ε_{it} 满足独立同分布。

若解释变量与 u_i 相关，则为“固定效应模型”，使用 OLS 将得到不一致的结果。需要进行相应的处理，消除模型中的 u_i 。

将方程（3-3）两边对时间取平均可得：

$$\overline{y}_i = \overline{x}_i\beta + z_i\delta + u_i + \overline{\varepsilon}_i \quad (3-4)$$

将方程（3-3）减去方程（3-4）可得：

$$y_{it} - \overline{y}_i = (x_{it} - \overline{x}_i)\beta + (\varepsilon_{it} - \overline{\varepsilon}_i) \qquad (3-5)$$

令

$$\tilde{y}_{it} = y_{it} - \overline{y}_i, \tilde{x}_{it} = x_{it} - \overline{x}_i, \tilde{\varepsilon}_{it} = \varepsilon_{it} - \overline{\varepsilon}_i$$

则

$$\tilde{y}_{it} = \tilde{x}_{it}\beta + \tilde{\varepsilon}_{it} \qquad (3-6)$$

由于上式削去了个体随机项u_i，所以只要扰动项 $\tilde{\varepsilon}_{it}$ 与解释变量$\tilde{x}_{it}$不相关，即使个体特征u_i与解释变量x_{it}相关，同样可以利用最小二乘法一致地估计β。若解释变量与u_i不相关，则为“随机效应模型”，此时 OLS 是一致的，但不是最有效的，原因是不满足球型扰动项的假设。可以使用可行广义最小二乘法（FGLS）来估计模型（3-3）。

个体固定效应可以控制不随时间变化的个体效应，而时间固定效应则可以控制随时间变化的时间效应。假设模型为：

$$y_{it} = x_{it}\beta + z_i\delta + \gamma S_t + u_i + \varepsilon_{it} \qquad (3-7)$$

其中，不可测变量 S_t 为只随时间变化的时间效应变量，定义$\lambda_t=\gamma S_t$，则：

$$y_{it} = x_{it}\beta + z_i\delta + \lambda_t + u_i + \varepsilon_{it} \qquad (3-8)$$

将上式中的 λ_t 看作只因时间而变不随个体而异的时间效应。因此，λ_1，…，λ_T称为“时间固定效应”。对于方程（3-8）可以使用 LSDV 法来估计，定义 T 个时间虚拟变量，则可得到：

$$y_{it} = x_{it}\beta + z_i\delta + \gamma_2 D_2 + \cdots + \gamma_T D_T + u_i + \varepsilon_{it} \qquad (3-9)$$

其中 D_2，…，D_T 为时间虚拟变量，方程（3-9）称为“双向固定效应”（Two-way FE）。

（二）固定效应检验

1. 个体效应 F 检验

当存在个体差异时，固定效应回归更有效，因此，需要对是否存在个体效应进行检验。使用 F 检验，原假设为“H_0: $all\ u_i = 0$”，即不存在个体效应。若拒绝原假设，则表明模型存在个体效应，固定效应模型比随机效应模型更有效，应该使用固定效应模型进行回归；反之，则应将所有数据放在一起，进行 OLS 回归，称为“混合回归模型”。

2. 豪斯曼检验

在方程（3-3）中如果 u_i 与（x_{it}，z_i）不相关，则随机效应比固定效应更有效，反之，则随机效应不一致。因此在使用固定效应回归之前，要先检验u_i 与（x_{it}，z_i）是否相关，从而判断应该使用固定效应模型还是使用随机效应模型。检验的原假设“H_0：u_i 与 x_{it}, z_i不相关”，若原假设成立，则应使用随机效应模型；若原假设不成立，则需要用固定效应模型。

如果 H_0 成立，则

$$(\hat{\beta}_{FE} - \hat{\beta}_{RE}) \xrightarrow{P} 0 \quad （依概率收敛于 0）$$

反之，H_0 不成立。

因此，构造统计量：

$$(\hat{\beta}_{FE}-\hat{\beta}_{RE})' \ [\mathrm{Var}(\hat{\beta}_{FE})-\mathrm{Var}(\hat{\beta}_{RE})]^{-1}(\hat{\beta}_{FE}-\hat{\beta}_{RE}) \xrightarrow{d} \chi^2(K) \quad (3-10)$$

其中 K 为 x_{it} 中随时间而变的解释变量个数。

四、二元选择固定效应模型

当被解释变量为二元虚拟变量时，由于是离散变量，所以不宜使用 OLS 回归，需要使用二元选择模型。当模型同时存在个体效应时，需要采用二元选择固定效应模型。

本书从企业出口决策与企业出口规模两方面考察企业的出口行为，其中企业出口决策包含两种选择结果，出口（$y=1$）或不出口（$y=0$）。对于线性模型：

$$y_{it}^{*} = x_{it}\beta + u_i + \varepsilon_{it} \quad (i = 1, \cdots, n;\ t = 1, \cdots, T) \tag{3-11}$$

其中，y_{it}^{*} 为不可观测的，决定企业是否选择出口的潜变量，u_i 为只因企业而异，不随时间而变的影响企业出口行为的企业固定效应，x_{it} 为可观测的，影响企业出口选择的解释变量。根据潜变量可以定义企业出口选择虚拟变量：

$$y_{it} = \begin{cases} 1 & 若\ y_{it}^{*} > 0 \\ 0 & 若\ y_{it}^{*} \leqslant 0 \end{cases} \tag{3-12}$$

在给定 x_{it}、β、u_i的条件下，企业选择出口的概率分布为：

$$\begin{aligned} \mathrm{P}(y_{it}=1 \mid x_{it}, \beta, u_{it}) &= \mathrm{P}(y_{it}^{*} > 0 \mid x_{it}, \beta, u_{it}) \\ &= \mathrm{P}(x_{it}\beta + u_i + \varepsilon_{it} > 0 \mid x_{it}, \beta, u_{it}) \\ &= \mathrm{P}(\varepsilon_{it} < x_{it}\beta + u_i \mid x_{it}, \beta, u_{it}) \\ &= F(x_{it}\beta + u_i) \end{aligned} \tag{3-13}$$

其中，$F(\cdot)$为 ε_{it} 的累积分布函数，满足连续性与单调递增性，并假设 ε_{it} 的密度函数关于原点对称。根据分布函数的类型，选择不同的二元选择模型。若 ε_{it} 服从逻辑分布，则为 Logit 模型，即：

$$P(y_{it}=1\left|x_{it}, \beta, u_{it}\right.)=\Lambda(x_{it}\beta + u_i)=\frac{e^{x_{it}\beta+u_i}}{1+e^{x_{it}\beta+u_i}} \tag{3-14}$$

五、Tobit 模型

当被解释变量 $y_{it} \geqslant c$（或 $y_{it} \leqslant c$）时，所有的 y_{it} 都被归并为 c，这样的数据被称为归并数据。如果使用 OLS 来估计，将得不到一致估计，应该使用 Tobit 估计。但是 Tobit 模型的一个不足是，如果扰动项不服从正态分布，则 Tobit 估计是不一致的。

本书考察了制度环境、城镇化水平与企业出口规模的关系。被解释变量中存在大量零值，属于归并数据。如果企业选择不出口，则出口交货值为零；反之，如果企业选择出口，则出口交货值一定为正数。因此，被解释变量 y_{it} 的某些观测数据被压缩在了零这一个点上。此时，y_{it} 的概率分布是由一个连续分布与一个离散点所组成。在这种情况下，如果使用 OLS 来估计，将得不到一致估计。

假设 $y_{it}^* = x_{it}\beta + \varepsilon_{it}$（$y_{it}^*$ 不可测），扰动项 $\varepsilon_{it}\left|x_{it}\right. \sim N(0, \sigma^2)$，归并点为 $c=0$。可观测到的企业出口交货值：

$$y_{it} = \begin{cases} y_{it}^*, & 若 y_{it}^* > 0 \\ 0, & 若 y_{it}^* \leqslant 0 \end{cases}$$

对于已观测到的出口交货值大于零的企业子样本为：

$$
\begin{aligned}
E(y_{it}\,|x_{it};y_{it}>0) &= E(y_{it}^{*}\,|x_{it};y_{it}>0) \\
&= E(x_{it}\beta+\varepsilon_{it}\,|x_{it};y_{it}^{*}>0) \\
&= x_{it}\beta+E(\varepsilon_{it}\,|x_{it};x_{it}\beta+\varepsilon_{it}>0) \\
&= x_{it}\beta+E(\varepsilon_{it}\,|x_{it};\varepsilon_{it}>-x_{it}\beta) \\
&= x_{it}\beta+\sigma\cdot\lambda(-x_{it}\beta/\sigma)
\end{aligned}
\qquad (3-15)
$$

很显然，由于 $\lambda(-x_{it}\beta/\sigma)$ 被纳入扰动项中，从而导致了样本选择偏差问题的存在，如果不考虑企业出口选择因素的影响，用 OLS 估计是有偏差的。

Tobit（1958）提出利用 MLE 估计归并数据，但该方法局限于分布的正态性。

六、Heckman 样本选择模型

企业出口交货值还受限于企业是否出口，没有选择出口的企业，将无法观测其出口交货值，因此存在“样本选择”问题。“样本选择”会导致“样本选择偏差”。Heckman 两步法样本选择模型能够很好地解决“样本选择偏差”的问题。

被解释变量企业出口规模 y_{it} 是否可以被观测取决于二元选择变量z_{it}（企业选择出口为 1，否则为 0）。我们首先建立企业出口选择方程，并利用 probit 模型进行估计，

$$
\Pr(z_{it}=1)=\alpha Z_{it}+\mu_{it} \qquad (3-16)
$$

然后我们可以得到可观测样本的条件期望为：

$$
\begin{aligned}
E(\ln y_{it} | z_{it} = 1) &= E(\beta X_{it} + \varepsilon_{it} | \alpha Z_{it} + \mu_{it} > 0) \\
&= E(\beta X_{it} + \varepsilon_{it} | \mu_{it} > -\alpha Z_{it}) \\
&= \beta X_{it} + E(\varepsilon_{it} | \mu_{it} > -\alpha Z_{it}) \\
&= \beta X_{it} + \gamma \sigma_{\varepsilon} \lambda(-\alpha Z_{it})
\end{aligned}
\quad (3-17)
$$

其中X_i是影响企业出口规模的变量集，$\lambda(\cdot) = \phi(-\alpha Z_{it}) / (1-\phi(-\alpha Z_{it}))$为逆米尔斯比率，如果$\lambda(\cdot)$的系数$\gamma$显著不等于0，表明方程存在选择性偏差，OLS将导致不一致的估计，这时Heckman两步法就是一种恰当的修正方法。因此，我们建立的企业出口规模方程为：

$$
E(\ln y_{it} | z_{it} = 1) = \beta X_{it} + \delta \lambda + \nu_{it} \quad (3-18)
$$

其中y_{it}表示企业出口规模，采用企业出口交货值加1的对数度量；此外，选择方程中至少有一个变量不出现在出口方程中，即该变量影响出口决策，本书借鉴刘修岩等（2011）的做法，将企业滞后一期的出口选择，加入出口选择方程（3-16）中，此时，方程（3-16）调整为：

$$
\Pr(z_{it} = 1) = \alpha Z_{it} + \kappa z_{it-1} + \mu_{it} \quad (3-19)
$$

七、本章小结

本章节阐述了本书主要采用的多元线性回归模型、双向固定效应模型、二元选择固定效应模型、Tobit模型、Heckman样本选择模型等计量方法的理论基础、前提假设和相关检验。为了帮助读者有一个清晰的理解，我们结合研究目的，对每个方法进行了细致诠释。基于假定 2 与假定 3，可以确保总体参数的最小二乘估计是最佳线性无偏估计。但是，对于样本信息量更大的面板数据，采用普通最小二乘法进行回归，会丢失样本部分信息，存在遗漏变量风险。使用双向固定效应模型对面板数据进行估计，可以解决因个体效应和时间效应而导致的遗漏变量问题。当然不可否认的是，双向固定效应回归的本质是最小二乘估计。

OLS 回归方法找出的是两个变量间最佳的线性关系，但实际情况中两个变量间可能并不是简单的线性关系。当被解释变量为二元虚拟变量时，需要采用 Logit 模型。面板 Logit 模型可以用来处理被解释变量为二元虚拟变量的面板数据。当数据为归并数据，采用 OLS 回归方法会产生内生问题。Tobit 模型是处理归并数据的一个很好的方法。但是，Tobit 模型存在对模型的正态性要求过于严格的缺陷。Heakman 样本选择模型能够更好地弥补 OLS 回归方法和 Tobit 模型在对归并数据进行回归时的缺陷，并且可以解决样本选择偏误问题。

第四章

城镇化与出口依存度

一、问题背景

最新经典文献就城镇化率从不同方面对出口依存度的影响进行了研究，得出了城镇化率可以降低中国经济对出口依存度的结论。但随着研究的深入，另外一部分学者并没有再次证实这一结论，而是得到了相反的结论。通过对相关文献的认真梳理，我们发现：现有研究均假定城镇化率与出口依存度之间为简单的线性关系，事实上果真如此吗？通过对我国城镇化进程与出口贸易发展趋势的分析，发现随着城镇化水平的提高，中国的出口依存度出现先增长后降低的态势。据此笔者初步认为中国城镇化率与出口依存度之间或许并非简单的线性关系。据此我们推测在城镇化进程的不同阶段，城镇化对出口依存度的影响机制与影响效果可能存在差异。

城镇化进程具有阶段性，美国城市地理学家诺瑟姆（Ray M. Northam）研究发现城镇化发展需要经过初期、中期和后期三个阶段。中国早在 1996 年就已经步入城镇化发展的中期阶段。陈昌兵在研究城镇化率与消费和投资关系的时候，将城镇化进一步细分为城市规模化阶段和市民化阶段[①]，本书借鉴陈昌兵的思路，在研究城镇化与出口依存度的关系时，将细致考虑城镇化两个阶

① 城镇化发展可分为城市规模化阶段和市民化阶段。城市规模化是指城市面积和城市人口规模扩大以及城市基础设施和住房等方面的投资建设。市民化是指农村居民进入城市获得住房等方面城市生活的条件，并能享受城市居民同等待遇，通过在城市工作获取较高收入，像城市居民一样消费，真正融入城市当中。

段的差异特征，利用面板数据和面板固定效应模型探讨在城镇化的不同阶段城镇化率对出口依存度的动态影响。

二、经济学理论机制

城镇化进程主要通过影响基础设施投资与消费渠道进而作用于出口。首先，城镇化的推进对投资与消费具有显著影响，并且这一影响机制并非是线性的。陈昌兵认为，研究表明城镇化水平与消费率存在正 U 形关系，而与投资呈倒 U 形关系。我们将地区城镇化水平与居民消费率和固定资产投资额分别进行二次模拟得到拟合图，如图 4−1 和图 4−2 所示。图 4−1 再次证实随着城镇化的推进，消费占比确实呈现先下降后上升的走势。图 4−2 同样说明在城镇化初期，固定资产投资额呈上升趋势，但当城镇化发展到后期，固定资产投资额将随着城镇化的推进呈现出下降态势。其次，投资与消费对出口具有重要作用。我国的出口波动中大约有 39.16%~93.37% 可以由投资冲击来解释。同时，消费占比持续走低是我国出口依存度不断上升的重要原因。所以，有必要

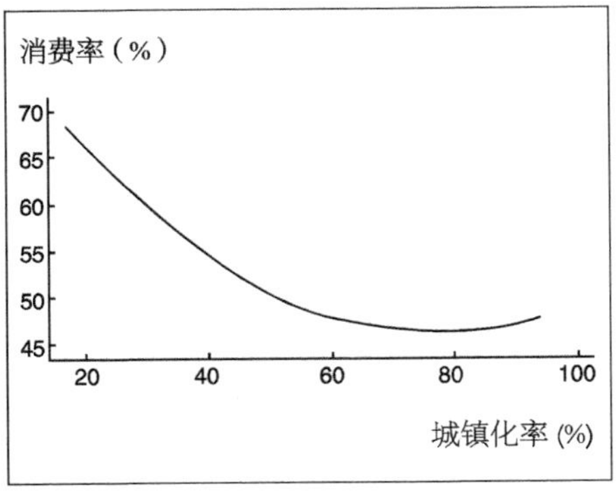

图 4−1 消费率与城市化率的二次模拟图

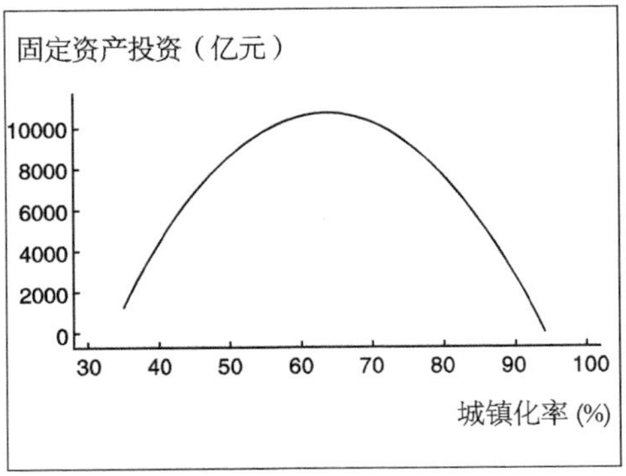

图 4−2 投资与城镇化率的二次模拟图

进一步通过将城镇化细化为城市规模化和市民化两个阶段，分别剖析城镇化推进对我国出口影响的传导机制。

在城市规模化阶段，一方面，城镇化主要表现为城市人口和土地面积的扩大，城市需要大量的基础设施、住房等方面的投资，以容纳数量庞大的新增人口。因为基础设施的改善，有效地降低了企业的生产成本，进而提高了国内出口产品在国际上的价格优势，增强了企业扩大出口的动机。大量农村人口涌入城市，使城市劳动力供给充足，但工资收入水平增长缓慢，最终促使城市企业资本得以快速积累。企业资本的积累刺激企业扩大生产规模，导致工业产品产量增加，过剩的工业产能无法通过国内市场消化，只能依赖于国外市场。城镇化进程聚集的人力与资本支持了出口部门的规模化生产，促进了基础设施的完善，从而降低了出口部门的交易成本，有利于出口部门发挥比较优势。另一方面，城镇化水平提高的同时，城乡收入差距进一步扩大，导致消费占比的降低和出口依存度的进一步增强。

在市民化阶段，进入城市的农村居民在城市获得了住房等方面城市生活的条件， 享受到了与城市居民同等的待遇。同时，由于劳动者素质的提高与劳动经验的积累，工资收入也得到了提高，进入城市的农村居民有能力像城市居民一样消费，势必带动消费占比的上升，促使国内市场扩大。过剩的工业产能可以通过国内市场消化，因而降低了地区经济对出口的依赖度。这时，国内企业的生产规模、供给能力、市场需求能力达到某种平衡状态，继续扩大投资对企业扩大生产的刺激作用将有所减弱，而且对服务业等新兴行业的投资能带动国内市场的扩大，进一步降低地区出口依存度。

三、实证模型

（一）模型建立

为了检验城镇化水平与出口依存度的关系，我们依据上述研究框架并参考相关文献建立如下计量模型：

$$\ln exde_{it} = \beta_0 + \beta_1 \ln urb_{it-3} + \beta_3 \ln^2 urb_{it-3} + X_{it} + D_{year} + D_{province} + \varepsilon$$

其中，i 代表省份，t 代表年份。被解释变量$exde$代表出口依存度。解释变量urb代表城镇化率，由于当期的出口可能受往期城镇化的影响，并且为了减轻内生性对实证结果的影响，本书引入城镇化的滞后三期值，构建了面板模型。X 为选取的控制变量，主要包括人口结构、城乡收入差距、人力资源、进口额、投资，D_{year} 表示时间变量，$D_{province}$ 表示地区变量。

（二）变量选取

模型的被解释变量为出口依存度，用出口额与 GDP 之比表示。由于我国城市标准不一，所以使用城市人口占总人口的比重衡量城镇化水平。在稳健性检验部分，选取第三产业占比作为城镇化率的代理变量进行稳健性检验。采用抚养比作为人口结构指标。选用少儿抚养比（*chrade*）和老年抚养比（*olddera*）作为代理指标。少儿抚养比指的是 15 岁以下人口占 15—64 岁人口的比重，老年抚养比指的是 65 岁及以上人口占 15—64 岁人口的比重。采用城市居民人均可支配收入与农村居民人均纯收入的比值来衡量城乡收入差距（indis）。选取教育水平（edu）作为人力资本的代理变量，使用省大专及以上学历人数占 6 岁及以上人数的比重表示教育水平。im 表示进口额，使用相邻两年的固定资产投资原价差值作为新增投资（*investment*）的指标。

本章利用样本期为1998—2014年的面板数据进行回归分析，横截面单位为31个省、自治区和直辖市。为了消除异方差的影响，对除新增固定资产投资外的其他变量均进行自然对数处理，由于新增固定资产投资存在负值，所以未取对数。本书城镇化率数据来自历年《中国城市统计年鉴》，其他数据均来自《中国统计年鉴》。相关指标具体的描述性统计分析见表 4-1。

表 4-1　　主要变量描述性统计

变量名称	变量符号	单位	样本容量	均值	标准差	最小值	最大值
出口依存度	*exde*	%	527	2.187666	2.589484	0.22	12.02
城镇化率	*Urb*	%	519	42.88692	16.66684	12.58	94.18
老年抚养比	*olddera*	%	527	11.70093	2.557266	6.13	21.88
少儿抚养比	*chrade*	%	527	27.1355	8.52797	9.64	57.78
新增投资	*investment*	千亿元	527	0.9138147	1.115881	−1.6241	5.7064
教育水平	*edu*	%	527	7.560607	5.729767	0.09	41.21
进口额	*im*	亿美元	527	293.3007	665.8505	0.1054	4552.176
城乡收入差距	*indis*	–	526	2.904373	0.6100085	1.62	5.38

四、实证分析

在面板回归过程中，通过 F 统计量检验拒绝应用混合回归模型；因为 Hausman 检验的结果拒绝随机效应模型，所以本章应用面板数据固定效应模型。根据前文的理论分析和模型构建，我们首先验证，城镇化水平与出口依存度呈倒 U 形关系。然后，以时间为节点，分析城镇化发展的不同阶段，城镇化率对出口依存度影响的差异表现。

（一）基础回归结果

回归结果如表 4-2 所示，第（1）列和第（2）列没有纳入控制变量，结果显示城镇化率与出口依存度的线性关系并不显著，因此在第（2）列加入城镇化率的二次项，二次项系数在 1% 的显著性水平下是显著的。根据现有文献，在第（3）和第（4）列中纳入了控制变量。虽然在第（3）列中一次项系数为负，但是显著性不大。第（4）列中二次项依然显著为负。第（1）列到第（4）列的结果表明，城镇化率与出口依存度存在明显的倒 U 形关系，而并非简单的线性关系。正如理论分析和基本数据统计描述中分析的那样，城镇化对出口的影响呈现阶段性，城镇化的不同阶段对出口依存度具有不同的作用形式，现有研究只是分别针对某一阶段进行了讨论，并没有发现在城镇化的不同阶段，城镇化进程对出口依存度影响的差异性。为了验证城镇化率可能通过投资渠道影响出口依存度，我们在第（5）列和第（6）列将新增投资引入模型。与第（1）列结果相比，第（5）列结果显示，城镇化率系数显著为 -0.338，新增投资系数显著为 0.0896，说明剔除固定资产投资对出口依存度的正向影响后，城镇化可以显著地降低中国经济对出口的依存度。因新增固定资产投资的扩大所导致的出口依存度增加，抵消了城镇化对降低出口依存度的积极效应。第（6）列中二次项系数仍然为负，显著性也没有降低，进一步验证了城镇化率与出口依存度的倒 U 形关系。

表 4-2　全样本城镇化率对出口依存度影响的回归结果

变量名称	变量符号	(1)	(2)	(3)	(4)	(5)	(6)
城镇化率	*lnurb*	−0.109	4.578***	−0.246**	3.016***	−0.338***	3.362***
		(0.301)	(0.000)	(0.019)	(0.003)	(0.001)	(0.001)
城镇化率二次项	ln^2urb		−0.677***		−0.469***		−0.533***
			(0.000)		(0.001)		(0.000)
新增投资	*investment*					0.0896***	0.0987***
						(0.000)	(0.000)
老年抚养比	*lnoldera*			0.115	0.108	0.0518	0.0373
				(0.421)	(0.445)	(0.715)	(0.790)
少儿抚养比	*lnchrade*			0.469**	0.263	0.489***	0.257
				(0.011)	(0.173)	(0.007)	(0.176)
进口额	*lnim*			0.134***	0.127***	0.126***	0.118***
				(0.003)	(0.005)	(0.005)	(0.008)
教育水平	*lnedu*			0.367***	0.321***	0.364***	0.311***
				(0.000)	(0.000)	(0.000)	(0.000)
常数项		0.294	−7.666***	−3.095***	−7.791***	−2.624***	−7.917***
		(0.415)	(0.000)	(0.000)	(0.000)	(0.001)	(0.000)
地区变量		是	是	是	是	是	是
时间变量		是	是	是	是	是	是
样本容量		519	519	519	519	519	519
拟合优度		0.333	0.366	0.391	0.405	0.410	0.427
拐点			3.38		3.22		3.15

注：括号内为 P 值，***、**、* 分别表示在 1%、5% 和 10% 水平上显著，其中年份、地区差异都已控制。另外，通过检验不存在明显的多重共线性问题

控制变量中，进口额（*lnim*）对出口依存度有显著正向影响，扩大进口会增大出口依存度，这与陈松等的结论一致。教育水平（*lnedu*）对出口依存度也有显著的正向影响，地区教育水平越高，出口依存度越大，再一次证明了王孝松等（2014）的结论。

少儿抚养比（*lnchrade*）对出口依存度有正向影响，但在第（4）列和第（6）列中正向影响不显著。老年抚养比（*lnolddera*）对出口依存度有正向影响但也不显著，这可能和我国现阶段严重的老龄化现象有关。

（二）分阶段回归结果

1996年我国城镇化率为30.48%，1997年上升到31.91%，根据诺瑟姆的理论，城镇化进程开始步入加速阶段，而当期城镇化水平会对之后三年的出口依存度产生影响。为了检验我国城镇化不同发展阶段中城镇化率与出口依存度的关系，我们将整个样本期划分为城市规模化阶段（1998—2000年）和市民化阶段（2000—2014年），并分别进行估计，估计结果如表4-3所示。表4-3的第（1）至第（4）列为城市规模化阶段的估计结果，第（5）至第（8）列为市民化阶段的估计结果。

第（1）列结果显示，城镇化率的系数在10%的水平上显著为正，在第（2）列中加入城镇化率二次项系数后，二次项的系数为负，但不显著，说明在所考察的时间段内，城镇化的推进加剧了我国经济对出口的依存度，即在城市规模化阶段，城镇化进程确实没有起到降低我国出口依存度的作用，这与统计数据分析结果一致。城镇化进程没有降低我国的出口依存度的原因可能与我国收入差距有关，所以我们在第（3）和第（4）列纳入了城乡收入差距，结果显示城镇化率的一次项系数由显著变为不显著，城镇化率二次项系数仍不显著。同时城乡收入差距的系数在10%水平上显著为正，说明在城市规模化阶段，城镇化通过扩大城乡收入差距渠道导致出口依存度上升，这与马丹的研究结果一致。①

表 4-3　分阶段城镇化率对出口依存度影响的回归结果

		1998—2000 年				2000—2014 年			
变量名称	变量符号	（1）	（2）	（3）	（4）	（5）	（6）	（7）	（8）
城镇化率	*lnurb*	0.247*	1.729	0.0936	0.250	−0.321***	4.525***	−0.247**	3.312***
		（0.081）	（0.131）	（0.519）	（0.838）	（0.006）	（0.001）	（0.025）	（0.009）
城镇化率二次项	ln^2urb		−0.234		−0.0239		−0.682***		−0.501***
			（0.191）		（0.898）		（0.000）		（0.005）
城乡收入差距	*lnindis*			0.752**	0.758**			−1.907***	−1.803***
				（0.021）	（0.023）			（0.000）	（0.000）
少儿抚养比	*lnchrade*	−0.161	−0.252	−0.376	−0.381	0.552***	0.348*	0.423**	0.280
		（0.602）	（0.423）	（0.183）	（0.185）	（0.006）	（0.091）	（0.026）	（0.149）
进口额	*lnim*	0.181***	0.181***	0.171***	0.170***	0.160***	0.126**	0.127**	0.104**
		（0.004）	（0.004）	（0.003）	（0.003）	（0.003）	（0.020）	（0.013）	（0.041）
教育水平	*lnedu*	−0.0534	−0.0538	−0.0456	−0.0468	0.443***	0.422***	0.367***	0.356***
		（0.536）	（0.530）	（0.561）	（0.557）	（0.000）	（0.000）	（0.000）	（0.000）
常数项		−2.364*	−4.315**	−1.613	−1.849	−3.213***	−10.58***	−0.667	−6.223***
		（0.096）	（0.038）	（0.233）	（0.419）	（0.000）	（0.000）	（0.466）	（0.004）
时间效应		是	是	是	是	是	是	是	是
地区效应		是	是	是	是	是	是	是	是
样本容量		90	90	89	89	459	459	459	459
拟合优度		0.480	0.497	0.569	0.569	0.348	0.369	0.428	0.439

注：括号内为 P 值，***、**、* 分别表示在 1%、5% 和 10% 水平上显著，其中年份、地区差异都已控制。另外，通过检验不存在明显的多重共线性问题

① 马丹．城镇化能降低中国的出口依赖吗 [J]．经济理论与经济管理，2013（10）：38-49.

第（5）列和第（7）列结果显示，不管是否纳入城乡收入差距，城镇化率的系数均显著为负，说明在该考察时间段内，城镇化率对出口依存度具有显著的负向影响，即在市民化阶段，城镇化的推进有利于降低中国经济发展对出口的依赖，这与传统观点一致。在第（6）列和第（8）列城镇化率的二次项系数仍然显著为负，这说明在所考察的时间段内，城镇化率与出口依存度依然呈倒 U 形关系。城乡收入差距的系数在 1% 的水平上显著为负，进而说明随着城市人口的增加，城市居民收入差距的进一步扩大将带动城市消费，从而降低我国的出口依存度。

五、稳健性检验

为了检验上述回归结果的稳健性，利用第三产业占比替换人口城镇化作为城镇化的代理变量，进行稳健性分析。进入 21 世纪以来，中国各种发展资源快速向城市集中，城镇化水平的提高直接提高了第三产业对经济增长的贡献度和产业的效率。检验结果如表 4-4 所示，第（2）列第（4）列中城镇化率二次项的系数依然为负，且在 5% 水平上显著，表明实证结果是稳健的，进而表明城镇化率与出口依存度确实存在倒 U 形关系。

表 4-4 城镇化率对出口依存度影响的稳健性检验结果

变量名称	变量符号	（1）	（2）	（3）	（4）
城镇化率	*lnurb*	0.0557	7.242**	-0.0738	7.368**
		（0.792）	（0.022）	（0.707）	（0.026）
城镇化率二次项	ln^2urb		-0.981**		-1.021**
			（0.022）		（0.024）
老年抚养比	*lnolddera*			-0.111	-0.250*
				（0.420）	（0.097）
少儿抚养比	*lnchrade*			0.408**	0.403**
				（0.021）	（0.021）
进口额	*lnim*			0.136***	0.130***
				（0.002）	（0.003）
教育水平	*lnedu*			0.246***	0.230***
				（0.000）	（0.000）
新增投资	*investment*			0.0923***	0.0815***
				（0.000）	（0.000）
城乡收入差距	*lnindis*			-1.534***	-1.603***
				（0.000）	（0.000）
常数项		-0.269	-13.38**	-1.463	-14.50**
		（0.717）	（0.021）	（0.177）	（0.014）
时间变量		是	是	是	是
地区变量		是	是	是	是
样本容量		525	525	524	524
拟合优度		0.328	0.335	0.454	0.460

注：括号内为 P 值，***、**、* 分别表示在 1%、5% 和 10% 水平上显著，其中年份、地区差异都已控制。另外，通过检验不存在明显的多重共线性问题

六、主要结论与政策启示

（一）主要结论

本章从城镇化进程中我国对出口依存度增大这一现象入手，运用 1998—2014 年省级面板数据和固定效应模型，结合城镇化的阶段性特征，研究了我国城镇化率对出口依存度的影响机制。研究结果表明，中国的城镇化与出口依存度并非线性关系，而是具有显著的倒 U 形关系。在城市规模化阶段，城镇化水平的提高一方面扩大了城乡收入差距，导致了国内消费占比的降低；另一方面刺激了城市对基础设施等方面的投资，造成工业产能过剩，二者共同抵消了城镇化对降低出口依存度的作用，最终导致出口依存度上升。当城镇化发展到市民化时期，进入城市的农村居民成了真正的城市居民，国内市场才得以扩大，过剩的工业产品才可以通过国内消化，降低我国对出口的依赖度。

（二）政策启示

目前中国城镇化正由城市规模化阶段向市民化阶段转变。为了更好地发挥城镇化对保持中国经济可持续增长和促进经济结构调整的作用，提出如下政策建议：① 加快市民化进程，提高地区城镇化水平。已步入市民化阶段的城市应该充分利用城镇化激发地区消费需求，降低出口依存度；同时地方政府应该大力扶持服务型行业等新兴行业。还处在城市规模化阶段的城市，则应大力发展新型工业，走新型工业化道路，让工业化成为带动城镇化的根本动力。② 限制城镇化释放内需进而降低出口的最主要障碍是收入差距，政府有关部门要明确以收入分配制度改革为核心，加快缩小收入差距，同时加大社会保障，加快户籍制度改革。

七、本章小结

鉴于现有研究基于城镇化与出口的线性关系的原假设，得出了不同的结论，本章提出二者为非线性关系的可能性，并建立了经济理论机制框架，诠释了城镇化对出口依存度影响的阶段性差异。然后，建立数学模型，运用 1998—2014 年省级面板数据和面板固定效应模型，实证分析城镇化水平与出口依存度的关系，发现二者确实存在倒 U 形的非线性关系，进一步采用分样本回归的方法，验证了该结论。最后，利用代理变量进行稳健性分析。

第五章

城镇化与企业出口决策

一、问题背景

上一章分析了我国城镇化进程对出口依存度的影响。本章将进一步研究城镇化水平对微观企业出口决策的影响，同时，基于城市经济学和经典贸易理论，通过分层次系统梳理地区基础设施、地区人力资本、地区市场规模等，这些既与城镇化进程密切相关又对出口有重要影响的因素，与城镇化以及出口三者之间的关系来构建综合研究框架，并采用企业层面大样本数据进行经验分析，把文献中仅仅分析宏观贸易总量行为深入到研究微观层面的企业出口决策行为。

新古典贸易理论、新贸易理论和新－新贸易理论，基于各自视角对国际贸易行为进行解读的细节，这里不再赘述。本章直接依据这些理论，聚焦于城镇化对中国出口影响的问题，结合相关文献，对影响出口的主要因素进行系统梳理如表 5－1 所示。经典贸易理论中的比较优势理论主要涉及地区人口红利、地区工业化水平、地区基础设施条件；新贸易理论主要涉及地区市场规模、地区人力资本情况，集聚经济；新－新贸易理论主要涉及地区管理规制水平、企业禀赋异质性。依据城市经济学相关理论，上述因素中明显受城镇化推进影响的因素涉及地区基础设施条件、地区人力资本水平、地区市场规模、集聚经济、地区管理规制水平等。为了更清晰地诠释隐藏的逻辑，下面在对城镇化对出口影响的理论机制进行解读时，把城镇化在内涵视角上分为广义概念的城镇化和狭义概念的城镇化。广义概念的城镇化，包含了伴随城镇化推进的地区基础设施条件、地区人力资本水平、地区市场规模、集聚经济、地区管理规制水平等因素；狭义概念的城镇化，剔除了地区基础设施条件、地区人力资本水平、地区市场规模因素，仅保留集聚经济和城市管理规制水平等核心因素如表 5−2 所示。把城镇化在进展程度视角上分为，处于较低层次的城镇化和处于较高层次的城镇化。

表 5−1　　按贸易理论影响因素归类

贸易理论	主要因素
比较优势理论	地区人口红利、地区工业化水平、地区基础设施条件
新贸易理论	地区市场规模、地区人力资本水平、集聚经济
新－新贸易理论	地区管理规制水平、企业禀赋异质性

表 5−2　　城镇化内涵界定

广义概念城镇化	地区基础设施水平、地区人力资本水平、地区市场规模、集聚经济、地区管理规制水平
狭义概念城镇化	集聚经济、地区管理规制水平

二、经济学理论机制

（一）城镇化推进对当地企业出口决策的影响机制

城镇化推进过程中的某些阶段对出口存在阻碍效应。当城镇化水平处于较低层次时，地区集聚经济尚不能发挥积极效应，企业的生产能力与综合实力也未得到显著提升，地区市场规模扩张处于初级阶段，地区管理规制水平与城市管理水平尚有诸多不足之处。在这个阶段，城镇化推进驱动下显著降低当地企业产品成本的因素还未能发挥作用，在控制了地区人口红利因素之后，当地企业生产的商品在国际市场上不具备比较优势，加上企业对自身当下实力的认知，城镇化作用下投资等拉动的当地市场比国际市场更受企业青睐。所以，在城镇化处于较低层次时，城镇化的推进会降低企业出口。

城镇化推进过程中的某些阶段对出口存在促进效应。当城镇化进程逾越了瓶颈，深入推进到新的阶段后，城镇化的推进带动了地区基础设施投资，地区基础设施条件的大幅改善，会推动地区法治与城市管理等软环境建设。可以通过降低物流成本渠道，或通过集聚累积、循环反馈引致的地区多种类型的集聚经济效应直接降低生产成本，或通过地区管理完善的制度绩效提升效应间接降低产品成本，使企业的产品具备比较优势，进而促进企业出口。

综上所述，城镇化对地区企业出口的影响，呈现阶段性特征。在城镇化水平处于较低层次时，地区集聚经济效应尚未形成，地区基础设施的初步改善尚未显著降低企业综合运管成本，企业综合实力并没有显著提高，投资等拉动的地区市场规模扩张会更吸引当地企业的关注。所以，当城镇化水平处于较低层次时，城镇化推进会降低企业出口意愿。随着城镇化的深入推进，地区集聚经济效应逐渐显现，企业规模的逐渐扩张与基础设施条件的改善等多个渠道降低了产品成本，城镇化的推进引致的比较优势效应开始显现。所以，当城镇化水平处于较高层次时，城镇化的深入推进会促进企业选择出口。基于上述分析，本书有以下假设：

企业出口与城镇化（广义概念）之间，不是简单的、一成不变的线性关系，而是呈正U形关系。城镇化水平处于较低层次时，城镇化的推进对企业出口有负向影响，随着城镇化的推进，影响效率逐渐降低。当城镇化进入较高层次时，城镇化的推进开始对企业出口有正向影响。（假设1）

另外，城镇化的推进可能是促进地区基础设施改善、地区人力资本水平提高以及地区市场规模扩张的重要因素之一。那么，一个特别有趣并且需要深入探讨的问题是，在剔除了地区基础设施条件、地区人力资本水平、地区市场规模等因素的作用之后，城镇化（狭义概念）对企业出口有怎样的影响？城镇化的实质是各种生产要素的空间集聚过程和相应的城市管理规则的调整，主要表现为人口、资本、土地、技术等要素从空间上由分散到聚集的过程和与这些因素密切相关的地区管理规制水平的调整。城镇化水平处于较低层次时，集聚经济没有发挥效力，集聚效果尚未凸显出来，行业或企业空间变动由于参考信息的缺失而易发生选择性偏误，相应空间集聚的行业之间或企业之间在前后关联度上并不一定十分紧密；另外，我国的城镇化或多或少靠行政力量推动，地区政策导向性偏误，可能导致人口、土地以及资本之间的匹配效率不高；最后，城市规模扩张但相应的地区管理规制水平未能及时调整，进而存在管理失位。因此，这些城镇化引致的人口、资本等空间集中，因为这些生产因素之间匹配摩擦的存在，加上与之关系密切的地区管理规制水平与经验的欠缺，在剔除地区基础设施条件、人力资本水平、地区市场规模等因素的影响之后，最终导致集聚不经济的情况发生。在这个阶段，城镇化的推进对地区企业出口会有阶段性的阻碍作用。随着城镇化的推进，集聚效应开始显现，后进入的企业或资本通过循环累积将进一步固化这个效应，随着管理经验的积累，相应的城市治理水平也有显著提高。所以，当城镇化进入高级阶段，即使剔除了地区基础设施条件改善，地区人力资本水平提高以及地区市场规模扩张等因素的影响，城镇化的推进也会促进企业出口。基于上述分析，本书有如下假设：

在剔除了与城镇化相关的地区基础设施条件、地区人力资本水平和地区市场规模这些因素的影响之后，企业出口与城镇化（狭义概念）之间，仍然呈现正U形关系。城镇化水平处于较低层次时，资源空间集中，集聚经济信息尚未明确呈现，资源之间匹配存在阶段性摩擦，加上地区管理经验的欠缺，城镇化的推进会阻碍企业出口；随着城镇化地深入推进，集聚经济效果开始明确显现，因此，在城镇化水平进入较高层次时，城镇化的推进会促进企业出口。（假设2）

（二）地区基础设施条件、地区人力资本水平对企业出口决策的影响机制

地区基础设施条件的显著改善，既可以通过地区道路运输条件的改进以及空间地理的可达性扩展，直接降低产品运输成本，又可以通过医院、公园、图书馆、科技馆、博物馆等基础环境改善引致的循环累积效应，间接降低产品成本，使得当地企业在国际市场上具备低成本比较优势。另外，当前，由于户口以及与之相关联的医疗保障、子女入学等诸多限制，人力资源尚未完全按市场实际需求在国内各行政区域之间充分流动，所以，人力资本水平高的地区，通过知识技术外部溢出等机制，最终使得当地企业的产品相对更具有竞争力。基于以上分析，本书有以下假设：

地区基础设施条件的改善对微观企业出口具有正向效应，地区人力资本水平的提高对当地企业出口也具有正向效应。（假设3）

（三）地区市场规模对当地企业出口决策的影响机制

当地市场规模的初步扩张，推动企业自身规模的扩张，企业层面的规模经济效应引致低成本的比较优势，加之当地市场尚未能完全吸收企业产能，这一阶段地区市场规模的扩张促进企业出口。当地区市场规模扩张到一定程度，相关企业的规模经济效应出现瓶颈，甚至产生规模不经济效应，并且出于规避出口必须附带的“冰山”成本的考虑，企业最优选择是只服务当地市场，而不是出口到国外。在这个阶段，地区市场规模的扩张会降低企业出口的意愿。基于以上分析，本书有以下假设：

企业出口与当地市场规模之间，不是简单的线性关系，而是倒U形关系。地区市场的初级扩张通过企业规模经济的正向效应与地区市场仍然狭窄的挤压效应的共同作用，促进企业选择把产品出口海外，谋求海外市场。随着地区市场规模的扩张，在企业规模经济的瓶颈效应与服务海外市场耗散的“冰山”成本效应的共同作用下，企业会选择服务当地市场，而不是海外市场以期其收益最大化。（假设4）

本章构建综合研究框架，从理论上，依照是否剔除与城镇化存在密切关联且又影响出口的系列因素，分步骤厘清企业出口与城镇化之间的关系。本章把地区基础设施条件、地区人力资本水平纳入理论框架，这两个因素与城镇化和出口都关系密切，在现有文献中尚未被充分重视；把地区市场规模纳入研究框架，这个因素也与城镇化和出口关系密切，在对中国出口与城镇化关系问题的研究文献中虽然被反复直接或间接提及，却没有被纳入研究框架进行直接经验分析，本书依据新－新贸易理论诠释了地区市场规模与企业出口决策之间的关系。另外，为了证实前文列出的四个理论假设，本书在经验分析过程中，将控制相关文献中重点关注的地区人口红利因素、地区工业化水平因素以及企业自身禀赋特征等因素。

三、实证模型

（一）模型建立

为考察城镇化对当地企业出口决策的影响，依据前文构建的综合研究框架，我们建立以下基于面板数据的计量模型：

$$\begin{aligned}Trade_{ijt} = {} & \beta_0 + \beta_1 Urban\_rate_{ijt-1} + \beta_2 Urban\_rate^2_{ijt-1} + \beta_3 Education_{ijt-1} + \beta_4 Hospital_{ijt-1} \\ & + \beta_5 Local\_market_{ijt-1} + \beta_6 Local\_market_{ijt-1} \beta_7 Bring\_up_{ijt-1} + \beta_8 Industrial_{ijt-1} \\ & + \beta_9 Quick\_Ratio_{ijt-1} + \beta_{10} Age_{ijt} + D_{year} + D_{industry} + D_{province} + \delta_{ij} + \varepsilon_{ijt}\end{aligned}$$

其中，$Trade_{ijt}$ 表示企业出口决策，在 j 地区的 i 企业于 t 年，选择出口，记为 1，否则记为 0；$Urban\_rate_{ijt-1}$ 是地区城镇化水平，用地区城镇化率衡量，即地区城镇人口与地区全部人口之比（这个指标的选择与郭炳南（2013）的选择相同）；为了检验企业出口与城镇化的正 U 形关系，模型中加入城镇化率的二次项 $Urban\_rate^2_{ijt-1}$ ①，预期其系数显著为正值（先用不加入地区基础设施条件、地区人力资本水平、地区市场规模变量的模型验证假设 1；再用加入这三个因素的模型验证假设 2）。$Education_{ijt-1}$ 是地区人力资本水平，用地区高校毕业生数衡量；$Hospital_{ijt-1}$ 是地区基础设施条件，用地区医院床位个数作为代理变量，预期这两个变量的系数都显著为正值（见假设 3）。$Local\_market_{ijt-1}$

① 出口可以影响城镇化，出口贸易部门的扩张，生产要素的偏向性集聚于出口相关产业，这些产业吸收从农村转移过来的劳动力，加速国内资本积累，从而推动城镇化发展。为了解决这个内生性问题，我们把城镇化率滞后一期。

是地区市场规模，用地区市场潜力衡量，为了检验企业出口与地区市场规模的倒U形关系，加入地区市场规模的二次项 $Local\_market_{ijt-1}^2$，预期二次项的系数显著为正值（见假设4）。

其他控制变量：基于工业化相对进程视角（周天勇，2010），加入地区工业化水平 $Industrial_{ijt-1}$，用地区工业化率衡量。基于地区人口红利视角（姚洋和余淼杰，2009），加入地区总人口抚养比 $Bring\_up_{ijt-1}$，用老龄人口数与少儿人口数之和比总人口数衡量。基于企业自身禀赋视角，加入企业资金宽裕程度 $Quick\_Ratio_{ijt-1}$，用流动资本与流动负债之比衡量；加入企业经验积累因素Age_{ijt}，用所处年份与企业开业年份的差衡量。另外，本书还控制了年份、行业和地区（D_{year}、$D_{industry}$、$D_{province}$）等因素。δ_{ij} 是随企业个体变化但不随时间变化的相关因素，同时随时间与个体变化的因素在 ε_{ijt} 中。最后，为了得到一致估计，将主要解释变量和控制变量进行滞后一期或多期处理；对于部分变量指标数据进行了对中处理。

（二）数据来源

地区层面数据主要来源于《中国城市统计年鉴》和《中国统计年鉴》两个数据库。城镇化率、地区人力资本水平、地区基础设施条件、地区工业化率、地区总人口抚养比等指标，应用这两个数据库中相关数据计算得到，样本年份是1996—2011年。其余指标应用的计算数据来自中国国家统计局的规模以上工业企业统计报表数据库。

四、实证分析

在回归方法选取上，F 统计量检验拒绝混合回归模型，需要选取面板数据模型；Hauseman 检验拒绝面板数据随机效应模型，应该选择面板数据固定效应模型；因被解释变量为二元变量，需要选择 Logit 模型。所以本书选择应用二元因变量固定效应模型进行回归分析。

（一）基础回归分析

表 5-3 第（1）（2）列在控制相关变量的基础上，先只放入城镇化率一次项，再加入城镇化率二次项，其中二次项的系数显著为正值。结果显示，企业出口与城镇化（广义概念）之间不是简单的线性关系，而是正 U 形的二次函数关系。城镇化对出口的影响不是简单一成不变的持续促进或持续阻碍作用，而是存在阶段差异。在城镇化层次比较低的阶段，城镇化的推进对企业出口表现为阻碍作用；随着城镇化地不断深化，阻碍效率不断衰减，当阻碍效率下降到 0 之后，情况发生逆转，城镇化的推进对企业的出口表现为正向效应。这个结果证实了本章的假设 1。城镇化进程处于较低层次时，基础设施建设带动投资需求，促进收入增长与地区市场扩张，这种地区市场的扩张，吸收了企业的部分产能，在这一阶段企业规模还没有充分扩大，加上地区基础设施也尚未特别完备，城市经济综合绩效没有明显提升，所以，这个阶段，城镇化的推进引致地区市场扩张，加之企业规模尚未取得突破，基础设施的改善尚未显著降低企业产品的最终成本，相应会引致企业降低出口的意愿。即在这个阶段，城镇化的推进会对企业出口有负向效应。随着城镇化地继续深入推进，地区市场扩张进一步扩大，推动企业规模继续扩张，企业逐渐释放出规模经济效应，

伴随着基础设施以及外部软环境的逐步完善，通过各种渠道降低企业产品的最终成本，提高企业的竞争力，在这个阶段，城镇化的推进促进了企业出口。这个结论可部分解释当前文献中从不同视角，在城镇化对出口影响上存在正反结论的现状。

表 5-3　城镇化对微观企业出口决策的影响（人口城镇化率、全样本）

变量名称	变量符号	（1）	（2）	（3）	（4）	（5）
城镇化率	*Urban_rate*	−0.141** （−2.155）	−1.194*** （−7.605）	−0.698*** （−4.300）	−0.695*** （−4.285）	−0.704*** （−4.337）
城镇化率二次项	$Urban\_rate^2$		1.095*** （7.378）	0.522*** （3.300）	0.520*** （3.282）	0.531*** （3.355）
地区人力资本水平	*Education*			0.0356*** （9.951）	0.0357*** （9.980）	0.0356*** （9.956）
地区基础实施水平条件	*Hospital*			0.148*** （4.956）	0.147*** （4.915）	0.149*** （4.988）
地区市场规模	*Local_market*				−0.489** （−2.066）	3.065*** （4.261）
地区市场规模的二次项	$Local\_market^2$					−13.49*** （−5.228）
地区工业化水平	*Industrial*	−0.0110*** （−9.877）	−0.00845*** （−7.247）	0.00145 （1.015）	0.00150 （1.048）	0.00143 （0.996）
人口抚养比	*Bring_up*	0.0104*** （7.036）	0.00966*** （6.492）	0.00823*** （5.503）	0.00828*** （5.537）	0.00827*** （5.530）
资金宽裕程度	*Quick_Ratio*	−0.00700 （−1.403）	−0.00697 （−1.397）	−0.00685 （−1.377）	−0.00685 （−1.377）	−0.00686 （−1.377）
企业经验积累	*Age*	0.160*** （14.54）	0.158*** （14.43）	0.157*** （14.31）	0.157*** （14.32）	0.157*** （14.30）
年份差异		控制	控制	控制	控制	控制
行业类别		控制	控制	控制	控制	控制
观测值数		502,320	502,320	501,999	501,999	501,999
企业个数		72,295	72,295	72,263	72,263	72,263
样本情况		全样本				

注：括号内为 T 值，***、**、* 分别表示在 1%、5% 和 10% 水平上显著，其中年份、行业、地区差异都已控制。另外，通过检验不存在明显的多重共线性问题。表 4、表 5 与此同

表 5-3 第（3）—（5）列，陆续加入地区基础设施条件、地区人力资本水平、地区市场规模等观测变量。城镇化率一次项系数都显著为负，二次项系数都显著为正（见表 5-3 第（5）列）。结果显示，剔除了地区基础设施条件、地区人力资本水平、地区市场规模等因素的影响之后，企业出口与城镇化（狭义概念）之间仍然呈现正 U 形关系。在城镇化处于较低层次时，人力、资本、土地等要素的空间聚合存在匹配摩擦，以及城市管理因为经验欠缺也暂时失位的现象，所以要素的聚合表现出阶段性的集聚不经济，这个阶段城镇化的推进会阻碍企业出口；在城镇化处于较高层次时，各种要素空间集中引致的集聚经济效果凸显，积极信息引致循环累积将强化这个效应，加上基于经验积累之后的城市治理水平也变得高效，当地企业生产的产品相应具备成本等比较优势，这个阶段城镇化的推进会促进企业出口。这个结果证实了本章的假设 2。

（二）地区人力资本水平、地区基础设施条件对企业出口决策的影响

表 5-3 第（3）—（5）列所示，地区人力资本水平与地区基础设施条件观测变量的系数都显著为正值。结果表明，地区人力资本水平的提高对企业出口有显著的正向影响；地区基础设施条件的改善对企业出口也有显著的正向影响，证实了本章的假设 3。地区人力资本水平的提高从区域知识资本外溢等渠道最终促进当地企业出口；地区基础设施条件的改善，主要从有效降低运输成本，进而降低产品最终成本，提高企业国际竞争力，促进企业出口。这个结论符合预期也与现有对外贸易文献的经验分析结论一致。

（三）市场规模对企业出口决策的影响

表5-3第（4）（5）列中，陆续加入地区市场规模一次项与二次项。在第（5）列中地区市场规模解释变量的系数显著为正值，其平方项的系数显著为负值。结果显示，企业出口与地区市场规模之间也是二次函数关系，这里是倒U形关系。地区市场规模的初步扩张通过企业规模经济的正向效应与地区市场仍然狭窄的挤压效应的共同作用，促进企业出口海外谋求海外市场。随着地区市场扩张，在企业规模经济的瓶颈效应与海外市场越境成本效应的共同作用下，企业会选择地区市场，而不是海外市场以期收益最大化。这个结论证实了本章的假设4。

（四）要素密集度分类样本的深入分析

为了考察不同要素密集度引致的行业企业的差异表现，本书分别对劳动密集型、资源密集型、资本密集型行业企业分类样本进行更细致地实证分析（见表5-4第（1）（2）（3）列）①。

---

① 工业行业分为：劳动密集型产业、资源密集型产业和资本密集型产业。其中劳动密集型产业包括：纺织业，纺织服装、鞋、帽制造业，皮革、皮毛、羽毛（绒）及其制造品，家具制造业，造纸及纸制品业，印刷业和记录媒介复制，文教体育用品制造业，塑料制品业，金属制品业，共9个行业；资源密集型产业包括：煤炭开采和洗选业，石油和天然气开采业，黑色金属矿采选业，有色金属矿采选业，非金属矿产业，食品加工业，饮料制造业，烟草制造业，木材加工及毛皮羽绒及其制品，石油加工、炼焦及核燃料加工业，橡胶制品业，非金属矿物制品业，化学原料及化学制品制造业，有色金属冶炼及压延加工业，共14个行业；而技术密集型产业包括：化学纤维制造业，医药制造业，通用设备制造业，专用设备制造业，交通运输设备制造业，电气机械及器材制造业，通信设备、计算机及其他电子设备制造业，仪器仪表及文化，共8个行业。

对于劳动密集型行业（表 5-4 第（1）列所示），企业出口与城镇化率的关系还是显著的二次关系，城镇化率一次项系数显著为负，二次项系数显著为正，与全样本结论一致。地区人力资本水平提高显著促进劳动密集型企业的出口，影响效果比全样本要小；地区基础设施条件变化变量的系数为负但不显著。地区市场规模一次项系数显著为负，同时二次项系数不再显著。与总样本不同，两者不再是二次函数关系，说明地区市场的扩张持续降低了劳动密集型行业企业的出口意愿。

对于资源密集型行业（表 5-4 第（2）列所示）人口城镇化率的一次项、二次项系数的符号与全样本一致，但并不显著；用经济城镇化率的一次项、二次项系数的符号与全校本一致，并且都显著（表 5 第（2）列所示）。所以，本书谨慎地认为，资源密集型企业的出口与城镇化率还是呈二次函数关系。地区人力资本水平解释变量的系数不显著，说明地区人力资本水平的提高对资源密集型企业的出口没有显著的促进作用，结果符合预期；地区基础设施条件变量的系数显著为正，并且大于全样本相应数值，说明基础设施条件的改善更有效地促进了资源密集型企业的出口，结果符合预期。企业出口与地区市场规模之间呈现倒 U 形关系，与全样本结论类似，与全样本相比开口更小，说明影响的变化率与全样本存在差异。

对于资本密集型行业（表 5-4 第（3）列所示），城镇化率的一次项、二次项系数符号、显著性与全样本一致，二次项系数大于全样本相应系数，说明城镇化对企业出口的影响变化效率比全样本更大。地区人力资本水平的系数显著为正且大于全样本相应数值，说明地区人力资本水平的提高对资本密集型企业出口影响的效率更高；地区基础设施条件变量的系数显著为正且小于全样本相应数值，说明地区基础设施条件的改善促进了资本密集型企业出口。企业出口与地区市场规模之间呈现倒 U 形关系，与全样本结论类似，与全样本相比开口更小，说明影响的变化率与全样本相比存在差异。

表 5–4　城镇化对微观企业出口决策的影响（人口城镇化率、分样本）

变量名称	变量符号	（1）	（2）	（3）
城镇化率	*Urban_rate*	−0.944*** （−3.328）	−0.498 （−1.341）	−1.552*** （−4.446）
城镇化率二次项	$Urban\_rate^2$	1.237*** （4.574）	0.246 （0.661）	0.912*** （2.620）
地区人力资本水平	*Education*	0.0328*** （5.100）	0.0118 （1.452）	0.0443*** （6.160）
地区基础设施条件	*Hospital*	−0.0184 （−0.326）	0.393*** （5.735）	0.131** （2.237）
地区市场规模	*Local_market*	−3.737* （−1.764）	12.95*** （2.863）	4.808** （2.056）
地区市场规模的二次项	$Local\_market^2$	6.540 （0.841）	−38.17** （−2.365）	−24.68*** （−2.787）
地区工业化水平	*Industrial*	−0.00111 （−0.399）	−0.00540* （−1.855）	0.00688** （2.433）
人口抚养比	*Bring_up*	0.00414 （1.520）	−0.000491 （−0.149）	0.0140*** （4.455）
资金宽裕程度	*Quick_Ratio*	−0.0791 （−1.628）	−0.573*** （−2.836）	−0.00227 （−0.456）
企业经验积累	*Age*	0.124*** （5.342）	0.118*** （5.186）	0.187*** （9.815）
年份差异		控制	控制	控制
行业类别		控制	控制	控制
观测值数		162,216	102,119	125,127
企业个数		24,411	15,373	18,907
样本情况		劳动密集型	资源密集型	资本密集型

五、稳健性分析

对上述实证结果进行以下稳健性分析。用经济城镇化率（城市 GDP 与地区 GDP 之比）作为城镇化率的代理变量重新进行回归分析，结果如表 5-5、表 5-6 所示。对于全样本的实证分析结论如表 5-5 第（1）—（5）所示。表 5-5 第（1）列中，城镇化率的系数不显著，说明企业出口与城镇化率之间并不是一个简单的线性关系，或者说用简单的线性手段刻画两者之间的关系并不能得到稳定的结论，这个经验结果部分印证了现有文献城镇化对出口影响结论不一致的现状。第（2）—（5）列中，城镇化率的二次项系数显著为正，一次项系数显著为负，与前文结论完全一致，再次证实了假设 1 与假设 2；第（3）—（5）列中，地区基础设施与地区人力资本水平的系数都显著为正，也与前方完全一致，再次证实了假设 3；第（5）列中，地区市场潜力二次项系数显著为负，一次项系数显著为正，也与前文完全一致，再次证实了假设 4。

按要求密集度分类的分样本回归结果如表 5-6 第（1）（2）（3）列所示，对于劳动密集型企业，解释变量城镇化率、地区人力资本水平、地区市场规模的系数的显著性和符号与前文基本一致，地区基础设施条件变量的系数显著为正与前文不同。对于资源密集型企业，地区人力资本水平、地区基础设施条件、地区市场规模的系数的显著性和符号与前文一致，城镇化率一次项系数与二次项系数都显著与前文不同。对于资本密集型企业，解释变量城镇化率、地区人力资本水平、地区基础设施条件、地区市场规模等变量的系数的显著性和符号与前文完全一致。

表 5-5 城镇化率对微观企业出口决策的影响分析（经济城镇化率、全样本）

变量名称	变量符号	（1）	（2）	（3）	（4）	（5）
城镇化率	*Urban_rate*	0.00675 （0.843）	−0.414*** （−9.745）	−0.429*** （−9.948）	−0.429*** （−9.948）	−0.429*** （−9.937）
城镇化率二次项	*Urban_rate*^{2}		0.0499*** （10.10）	0.0536*** （10.58）	0.0537*** （10.59）	0.0536*** （10.57）
地区人力资本水平	*Education*			0.0331*** （9.178）	0.0331*** （9.203）	0.0331*** （9.187）
地区基础设施条件	*Hospital_bed*			0.253*** （8.538）	0.251*** （8.487）	0.254*** （8.589）
地区市场规模	*Local_market*				−0.474** （−1.986）	2.938*** （4.047）
地区市场规模的二次项	*Local_market*^{2}					−12.92*** （−4.971）
工业化率	*Industrial_Rate*	−0.0118*** （−10.47）	−0.0126*** （−11.08）	0.000596 （0.412）	0.000639 （0.441）	0.000568 （0.392）
人口抚养比	*Bring_up_all*	0.0113*** （7.557）	0.00953*** （6.322）	0.00811*** （5.350）	0.00816*** （5.381）	0.00815*** （5.378）
资金宽裕程度	*Quick_Ratio*	−0.00703 （−1.404）	−0.00707 （−1.411）	−0.00690 （−1.380）	−0.00690 （−1.380）	−0.00690 （−1.381）
企业经验积累	*Age*	0.162*** （14.57）	0.163*** （14.66）	0.160*** （14.40）	0.160*** （14.41）	0.160*** （14.39）
年份差异		控制	控制	控制	控制	控制
行业类别		控制	控制	控制	控制	控制
观测值数		490，667	490，667	490，348	490，348	490，348
企业个数		71，191	71，191	71，159	71，159	71，159
样本情况				全样本		

表 5-6 城镇化率对微观企业出口决策的影响分析（经济城镇化率、分样本）

变量名称	变量符号	（1）	（2）	（3）
城镇化率	*Urban_rate*	−0.238*** （−3.379）	−0.445*** （−4.293）	−0.574*** （−5.997）
城镇化率二次项	*Urban_rate*^{2}	0.0356*** （4.296）	0.0545*** （4.451）	0.0639*** （5.764）
地区人力资本水平	*Education*	0.0260*** （4.017）	0.00755 （0.928）	0.0470*** （6.467）
地区基础设施条件	*Hospital_bed*	0.187*** （3.384）	0.477*** （7.030）	0.185*** （3.230）
地区市场规模	*Local_market*	−3.481 （−1.627）	11.82** （2.573）	4.722** （2.005）
地区市场规模的二次项	*Local_market*^{2}	6.101 （0.778）	−33.58** （−2.052）	−24.82*** （−2.787）
工业化率	*Industrial_Rate*	−0.00189 （−0.670）	−0.00595** （−2.018）	0.00495* （1.745）
人口抚养比	*Bring_up_all*	0.00470* （1.704）	−0.00194 （−0.581）	0.0152*** （4.756）
资金宽裕程度	*Quick_Ratio*	−0.0848 （−1.605）	−0.620*** （−2.877）	−0.00233 （−0.470）
企业经验积累	*Age*	0.134*** （5.669）	0.109*** （4.776）	0.188*** （9.774）
年份差异		控制	控制	控制
行业类别		控制	控制	控制
观测值数		158，889	99，552	122，159
企业个数		24，082	15，095	18，584
样本情况		劳动密集型	资源密集型	资本密集型

六、主要结论与政策启示

（一）主要结论

本章以国内规模以上工业企业和地区城镇化水平为考察对象，检验城镇化率和其他相关因素对当地企业出口决策的影响，以及要素密集度分类样本的差异表现，得到以下结论：①无论是否剔除地区基础设施条件、地区人力资本水平、地区市场规模等因素的影响，企业出口决策与城镇化率之间都不是简单的线性关系，而是正U形关系。②地区人力资本水平的提高和地区基础设施条件的改善都显著地促进当地企业出口。③企业出口与地区市场规模之间呈现倒U形关系。另外，要素密集度分类样本的差异表现为：对于劳动密集型企业，地区市场规模的扩张只是显著地阻碍企业出口，两者不再是倒U形的关系；对于资源密集型企业，地区基础设施条件的改善显著地促进企业出口，与全样本相比，这个因素的影响效果明显；对于资本密集型企业，地区人力资本水平的提高显著地促进企业出口，与全样本相比，这个因素的影响效果更大。

上述结论，清晰地证实了地区基础设施条件、地区人力资本水平以及地区市场规模等这些与城镇化密切关联的因素，与城镇化及当地企业出口三者之间的关系，相应有效地解释了现有文献中城镇化的推进对出口促进效应与阻碍效应相互矛盾的问题。本书采用微观企业层面大样本的面板数据，把相关文献基于出口量宏观层面的研究深入到基于出口决策的微观企业行为层面，并且基于要素密集度差异进行分样本分析，实证分析结论与现有文献相比更细致、更稳健，也有更大的政策参考价值。

（二）政策启示

基于上述结论，谨慎提出以下建议。①鉴于对外贸易在当前以及以后一段相当长时间对中国经济依然会发挥重要作用，结合当前国际贸易保护主义阴云密布的新形势，各级行政部门应该合理规划并稳步推进中国城镇化，努力消除城镇化引发的资源在空间再分布过程中存在的匹配摩擦，全力加强城市管理规制建设，提高城市治理水平，扩大内部需求的同时，也提高当地企业竞争力，促进地区企业出口，进而保证中国经济持续稳定增长。②科学规划地区人才培养模式改革，积极推进地区基础设施建设，这些举措通过降低运输成本效应、知识资本外溢效应和集聚经济循环累积反馈效应，提高当地企业国际竞争力，促进当地企业出口；加快户籍管理以及相关的医疗与子女入学管理规制变革，让人力资本按市场需求跨行政区划自由流动，优化人力资本配制，提升整体经济绩效。③依据不同要素密集度的行业企业各自空间集聚特点，相关行政管理部门需要细致规划出台针对性强的引导政策，资本密集型企业集聚地区，人才资本的培育需要得到更多的重视；资源密集型企业集聚地区，地区基础设施条件的改善则需要优先得到支持。

七、本章小结

本章通过分层次的方法，系统梳理了地区基础设施条件、地区人力资本水平、地区市场规模等这些既与城市化进程密切相关又对出口有重要影响的因素，与城镇化以及微观企业出口决策三者之间的关系。企业出口决策与城镇化之间同样不是简单的线性关系，而是呈现正 U 形的非线性关系。城镇化初期，城镇化推进对企业出口具有负向影响，随着城镇化水平的提高，影响效率逐渐降低，当城镇化进入较高层次，城镇化的推进开始对企业出口有正向影响。当剔除与城镇化相关的地区基础设施条件、地区人力资本水平和地区市场规模这些因素的影响后，企业出口与狭义概念上的城镇化之间仍然呈现正 U 形关系。同时，本章分析了基础设施条件、地区市场规模对当地企业出口决策的影响机制，进一步采用企业层面大样本数据进行经验分析，深入量化研究微观层面的企业出口决策行为。

第六章

法律制度背景下的城镇化与出口

一、问题背景

现有文献多数从宏观的角度对城镇化和贸易的关系进行了全面细致的考察，部分文献从微观企业层面对城镇化与贸易的关系进行了探讨，但对城镇化与企业出口行为之间的关系是否受企业内外环境异质性影响的研究还不够系统和深入，不同法律制度背景下地区城镇化水平对企业出口行为的影响程度是否存在差异的探究成果很少，区分不同所有制和要素密集度差异企业的研究成果更少。目前，正值建设社会主义法治社会和城镇化升级转型的特殊阶段，地区法治建设能否有效调节城镇化与企业出口行为的关系？这种调节作用是否会因企业所有制及企业生产要素密集度的不同而存在差异？本章重点对上述问题进行解答。

二、经济学理论机制

（一）城镇化水平与企业出口选择

人口城镇化完成了由农村到城市的人口分布比例结构上的转变，在这个过程中，农村人口逐渐减少，而城市人口明显增多。这种城乡人口的空间变动，能够有效地刺激城市的内需，并带动当地基础设施建设。首先，城市居民的消费能力和消费水平明显高于农村居民，根据 Duesenberry（1949）提出的习惯形成示范效应，消费者个人的消费行为会受到周围群体消费方式和消费水平的影响。城镇化和城乡人口的流动为城市居民的消费“示范效应”的有效发挥创造了前提条件。因此，转移到城市的农村人口会受到城市居民的影响而提高消费水平，促进地区市场的综合消费需求的提升。城镇化水平的提高不仅可以激发消费需求、提高消费水平，而且可以通过扩大民间投资刺激投资需求，最终推动内需扩大。城镇化通过带动地区居民消费需求和城市投资需求，进而刺激市场释放内需，同时能够有效带动地区基础设施建设，基础设施的改善会降低国内贸易成本。地区市场规模的扩大和国内贸易成本的下降，吸引了企业将产品销售到国内市场，降低了选择最终成本更高的国外市场的可能性。

因此，提出以下假设：

在控制了其他因素的情况下，城镇化水平的提高将抑制企业的出口参与行为。（假设 1）

（二）法律制度环境与企业出口选择

法律制度环境通过提高契约执行效率，降低贸易成本和规避违约风险机制来影响企业的出口行为。完善地区法律制度环境可以降低因合同执行、制度差异、信息不完全等因素造成的不可观测的贸易成本，进而加大企业产品出口的成本比较优势。另外，具有健全的法律体系并能够保证法律有效执行的地区更能吸引国外采购商与当地企业的合作，提高采购合同签订的成功率。企业在生产成本降低的同时受到国外采购商的青睐，出口的动机明显会加大。

因此，提出以下假设：

在控制了其他因素的情况下，法律制度环境的改善将促进企

业的出口行为。（假设 2）

（三）法律制度环境对城镇化水平与企业出口选择关系的调节作用

法律制度环境作为企业运行的外部治理机制，在提高契约执行效率，加强信息披露，减少信息不对称等方面具有突出贡献，同时也是维护居民生活稳定和安全，提高居民幸福指数的重要因素。对于城市居民而言，好的法律制度环境，例如《消费者权益保护法》的完善和有效实施，是消费者行使自己的权利和维护自身利益的基础，是提振消费信心、拉动消费内需的重要保障。对于城市企业而言，良好的法律制度环境通过发挥公司治理机制的监督作用，减缓投资融资约束，抑制过度投资，从而提高企业投资效率。万良勇研究证实了加强地区法律制度建设能有效地提高公司投资的边际价值。[①]因此，法律制度的改善通过为消费者提供良好的消费环境和提高企业的投资效率这两种渠道的积极作用，刺激地区市场的消费需求和投资需求，最终助力于城镇化对企业出口的抑制作用。

另外，国有企业因为获得了制度优势和地区政府支持，在通过法律手段之外的“关系”手段解决问题上，相对于私企和外企更具有优势，因此国企的出口行为受到制度和地区市场规模的影响较小。外资企业在前期资本投入和国外市场的开拓上优于私企。因而相对于国企和外企，民营企业对国内的市场依赖性更大，并

① 万良勇．法治环境与企业投资效率——基于中国上市公司的实证研究[J]．金融研究， 2013（12）：154-166.

受地区制度的影响更明显。

因此，提出以下假设：

地区法律制度环境在城镇化水平对企业出口行为的影响机制中起负向调节作用，并且这种调节效应对民营企业出口行为作用会更加明显。（假设 3）

为了直观地展示法律制度环境、城镇化水平对企业出口行为的影响机制，结合企业异质性，本书构建了研究框架图，如图 6-1 所示。

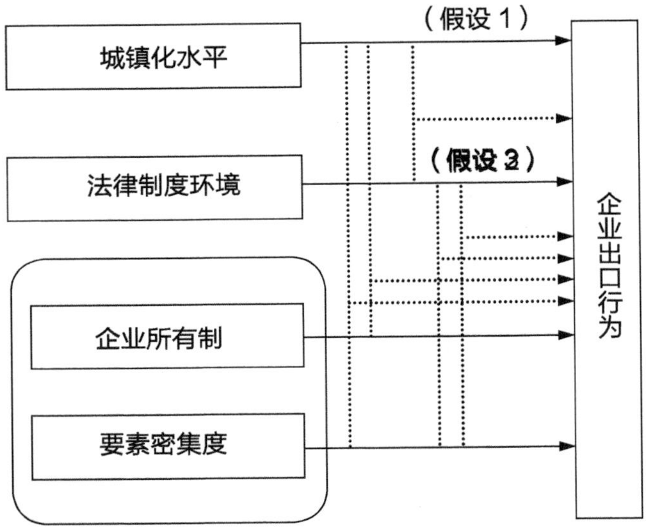

图 6-1　研究框架图

三、实证模型

为检验城镇化水平与企业出口行为的关系，以及地区法律制度环境对这种关系的调节作用，本章采用以下模型进行回归分析：

$$Export_{ijt} = \beta_0 + \beta_1 Urban\_rate_{iit-1} + \beta_2 Law_{ijt-2} + \beta_3 Law_{ijt-2} \times Urban\_rate_{ijt-1} + \beta_4 Education_{ijt-1} + \beta_5 Hospital_{ijt-1} + \beta_6 Bring\_up_{ijt-1} + \beta_7 Industrial_{ijt-1} + \beta_8 Quick_{ijt-1} + \beta_9 Age_{ijt-1} + E_i + E_j + E_t + \delta_{ij} + \varepsilon_{ijt} \quad (6-1)$$

其中，i 表示地区，j 表示企业，t 表示时间，$Export_{ijt}$表示 i 地区的 j 企业在 t 年的出口行为虚拟变量，企业在当年的出口交货值大于 0，则记为 1，否则记为 0；$Urban\_rate_{iit-1}$ 表示地区城镇化水平，用企业所在城市的城市常住人口数与城乡总人口数之比衡量；Law_{ijt-2}表示地区法律制度环境，采用樊纲和王小鲁主持测算的中国市场化指数体系中的有关我国各省法治环境的度量指标进行衡量；[①]为了考察地区法律制度环境和城镇化水平对企业出口行为的交互作用，模型中加入了法律制度环境指数与城镇化率的交叉项 $Law_{ijt-2} \times Urban\_rate_{ijt-1}$。

其他控制变量包括：①地区工业化水平（$Industrial_{ijt-1}$），采用地区工业化率进行衡量，城镇化与工业化的不平衡发展是导致国内市场供需结构扭曲的重要原因，地区工业化的快速发展直接推动了企业的出口。②地区人力资本水平（$Education_{ijt-1}$），采用省大专及以上人口数占 6 岁及以上人口数比重衡量，高素质人才是带动企业创新，提高企业生产效率的重要生产要素，也是推动企业出口的重要条件。③地区基础设施条件（$Hospital_{ijt-1}$），用城市医院床位数作为代理变量，基础设施建设能够有效降低企业的生产成本，提高企业产品的比较优势，有助于企业出口。④企

① 樊纲，王小鲁，朱恒鹏．中国市场化指数．各省区市场化相对进程 2011 年度报告[M]. 北京：经济科学出版社，2011.

业资金宽裕程度（$Quick_{ijt-1}$），用流动资本与流动负债之比衡量。⑤抚养比（$Bring\_up_{ijt-1}$），采用地区总抚养比衡量，计算方法是 15 岁以下和 65 岁及以上人口数与 15~65 岁人口数之比。地区抚养比小，说明该地区的劳动力充足，并且企业的负担更小，则相对于其他地区具有劳动力禀赋上的出口比较优势。⑥企业经验积累因素（Age_{ijt-1}），用所处年份与企业开业年份的差来衡量，经验越多的企业通常会有更牢固的客户关系，企业更加倾向于出口并且扩大出口规模，另外还控制了行业、地区和年份（E_i、E_j、E_t）等因素。δ_{ij} 是随企业个体变化但不随时间变化的相关因素，ε_{ijt} 是既随时间变化又随企业个体变化的所有因素。最后，为了减小内生性对结果的影响，将主要解释变量和控制变量进行滞后一期或多期处理，以期得到一致估计。

四、数据来源与说明

其一，行业层面的所有数据，包括企业出口交货值、流动资本、流动负债以及企业开业年份等数据均来自“中国工业企业数据库”。

其二，法律制度环境数据，来自樊纲和王小鲁（2011）主编的《中国市场化指数》一书。

其三，地区数据，包括城镇化率、工业化率、人口抚养比、地区人力资本水平等数据均来自历年《中国城市统计年鉴》中的相关统计数据。

我们将上述三类数据进行匹配，最终得到 1999—2011 年这 12 年 2,515,408 个观测样本的企业水平数据集① 。变量详细的统计性描述见表 6-1。

表 6-1　　变量统计性描述

变量名称	变量符号	指标选取	均值	标准差
企业出口行为	*Export*	企业出口交货值大于 1 记为 1，否则记为 0	0.244	0.42
城镇化水平	*Urban_rate*	城镇常住人口数 / 城乡总人口	0.37	0.25
法律制度环境	*Law*	法律制度环境指数	7.49	4.72
地区工业化水平	*Industrial*	省工业增加值 /GDP × 100%	39.06	10.6
地区人力资本水平	*Education*	省大专及以上学历人口数 / 6 岁及以上人口数 × 100%	7.26	5.02
地区基础设施条件	*Hospital*	城市医院床位数	15.71	21.06
资金宽裕程度	*Quick*	流动资本 / 流动负债	0.0081	1.27
抚养比	*Bring_up*	15 岁以下和 65 岁及以上人口数 /15-64 岁人口数 × 100%	37.22	6.89
企业经验积累	*Age*	到 2011 年企业运行年份	11.56	56.51

① 数据集中法律制度环境指数为滞后两年的数据，来源于樊纲和王小鲁(2011)主编的《中国市场化指数》一书中全国各省市 1997—2009 年的法律制度环境指数。前人研究表明，不仅制度环境可以影响一个企业的贸易行为，企业的贸易行为也能反过来影响地区制度水平。从逻辑和经验上判断，我们认为滞后期的法律制度与当期法律制度高度相关，一般而言前期的法律制度比较好的地区当期法律制度也会比较好。而前期的制度环境不会受当期企业贸易行为的影响。同时，我们更关心在不同的法律制度环境下，人口城镇化水平对企业出口行为影响的差异，人口向城市的迁移更多地受到前期制度环境的影响。因此，我们有理由相信滞后期的法律制度可以比较好地解决内生性问题并为我们的研究带来方便。

五、实证分析

首先，考察地区法律制度环境对企业出口行为的影响；其次，加入城镇化率与法律制度环境的交叉项，考察法律制度环境对城镇化水平与企业出口行为之间的调节作用；进一步探讨这种调节作用是否存在企业所有制、要素密集度等企业异质性差异。回归方法的选取上，F检验显示拒绝混合回归模型；Hauseman检验强烈拒绝面板数据随机效应模型，应选取面板数据固定效应模型。因被解释变量为二元变量，需使用Logit模型，所以选取固定效应面板Logit模型进行回归分析。

（一）基础回归分析

1. 城镇化水平与企业出口行为

表6-2汇报了全样本下法律制度环境、城镇化水平对企业出口行为影响的回归结果。由表6-2的第（1）列可知，城镇化与企业出口行为的回归系数显著为负，说明在控制其他因素的影响后，城镇化对企业出口行为具有显著的负向影响，企业选择出口的意愿将随着当地城镇化水平的提高而有所减弱。这个结论证实了前文的假设1。城镇化水平的提高意味着大量农村人口向城市转移，对地区市场的扩大起到了促进作用，一定程度上将降低当地企业的出口意向。同时，地区城镇化水平的提高通过带动地区基础设施条件的改善和人口集聚的外部性溢出，导致企业在降低销售成本等方面，选择在本地区销售产品要比将产品远售国外更具有比较优势，因此，在当地市场扩大和销售成本下降的双重激

励下，企业更倾向于选择在当地市场销售产品，而非选择销售成本更高的国外。

表 6-2　　基础回归结果（全样本）

变量名称	变量符号	（1）	（2）	（3）	（4）
城镇化率	*Urban_rate*	−0.436*** （−4.93）		−0.484*** （−5.43）	−0.569*** （−6.34）
法律制度环境	*Law*		0.00988*** （3.43）	0.0120*** （4.11）	0.00959*** （3.28）
以上两者交叉	*Law×Urban_rate*				−0.0687*** （−10.12）
地区人力资本水平	*Education*	0.0206*** （4.37）	0.0190*** （3.98）	0.0174*** （3.64）	0.0242*** （5.00）
地区基础设施条件	*Hospital*	0.0113*** （6.18）	0.00920*** （5.19）	0.0116*** （6.35）	0.0216*** （10.39）
资金宽裕程度	*Quick*	0.000191 （0.11）	0.000177 （0.10）	0.000195 （0.11）	0.000200 （0.12）
抚养比	*Bring_up*	0.00880*** （4.16）	0.00890*** （4.21）	0.00839*** （3.96）	0.00864*** （4.08）
地区工业化水平	*Industrial*	−0.00489*** （−2.74）	−0.00457** （−2.53）	−0.00338* （−1.85）	−0.00869*** （−4.58）
企业经验积累	*Age*	0.000560*** （2.85）	0.000550*** （2.81）	0.000555*** （2.82）	0.000552*** （2.81）
时间效应		是	是	是	是
地区效应		是	是	是	是
行业效应		是	是	是	是
样本容量		288, 075	288, 074	288, 067	288, 067
企业个数		49, 114	49, 112	49, 111	49, 111

注：括号内为 t 值，***、**、* 分别表示在 1%、5% 和 10% 水平上显著

2. 法律制度环境与企业出口行为

表6-2的第（2）列结果显示，法律制度环境的系数显著为正，说明法律制度环境的改善显著地增加了企业的出口动机，这个结果证实了前文的假设2，同时再次验证了刘志强的结论。[①] 地区法律环境的改善意味着契约执行效率的提高和被违约风险的降低。一方面，企业进行出口交易时契约执行的高效性，会极大地降低企业的交易成本，增加契约执行的成功率，为企业的出口交易带来巨大的优势。另一方面，处于具有健全的法律体系并能够保证法律有效执行的地区的企业会受到外国采购商的信任，提高了采购合同签订的成功率。企业在生产成本降低的同时受到国外采购商的青睐，出口的动机明显会加大。

3. 法律制度环境对城镇化与企业出口行为关系的调节作用

为了深入探讨法律制度环境对城镇化水平与企业出口行为之间关系的调节作用，在模型中加入法律制度环境和城镇化率的交叉项，为了降低交互效应模型中的多重共线性，将城镇化和法律制度环境两个变量进行中心化处理。回归结果见表6-2第（4）列，交叉项系数显著为负，说明法律制度环境对城镇化水平与企业出口行为的关系具有显著的负向调节作用，也就是说，法律制度环境越好的地区，提高城镇化水平对企业出口行为的抑制作用越强。这验证了前文的假设3。法律制度环境的改善不仅刺激了市场消费水平的上升，扩大了地区消费市场，而且为维护地区市场的稳

---

① 刘志强．地区法治环境对企业出口决策的影响研究[J]．科研管理，2014（6）：94-101.

定做出了重要贡献，进而为城镇化的推进和对企业出口行为的抑制起到了助推的作用。模型中变量的平均方差膨胀因子（VIF）值为2.65，说明不存在严重的多重共线性。为了形象地描述法律制度环境在城镇化水平方面对企业出口影响的调节作用，笔者绘制了交互效应图，见图6-2。由图6-2可知，城镇化进程的推进增大了企业不出口的概率，并且，法律制度越好的地区，推进城镇化进程时，企业高层越容易做出放弃出口的决策。为了明晰法律制度环境与城镇化水平对企业出口行为边际效应之间的关系，将回归方程（6-2）关于城镇化水平（$Urban\_rate$）求一阶偏导得到边际效应函数（6-3）。

$$Export = -0.569Urban\_rate + 0.00959Law - 0.0687Urban\_rate \times Law \tag{6-2}$$

$$\frac{\partial Export}{\partial Urban\_rate} = -0.569 - 0.0687Law \tag{6-3}$$

由（6-3）式说明城镇化对企业出口行为的边际效应不再是常数，而是关于法律制度环境（Law）的一次函数，并且一次项系数为负，表明城镇化水平抑制企业出口行为的边际效应将随着地区法律制度环境的改善而扩大。进而，绘制了在法律制度调节下，城镇化对企业出口行为的边际效应图。如图6-3所示，企业出口行为的边际效应呈现负增长态势，当法律制度环境超过某一临界值后，边际效应将变为负值，并将负向增大。也就是说，地区法律制度的改善将扩大城镇化进程对企业出口行为的抑制作用。

在控制变量上，教育水平系数显著为正，说明提高地区教育水平可以促进企业的出口；基础设施对企业出口行为的影响显著为正，表明地区基础设施的建设提高了企业产品的生产率，增大了企业的出口动机；抚养比对企业出口具有显著的正向影响；工业化率的系数显著为负，说明地区工业化率的提高将抑制企业的出口；企业经验对企业出口行为的影响显著为正；资金宽裕程度系数为正，但并不显著。

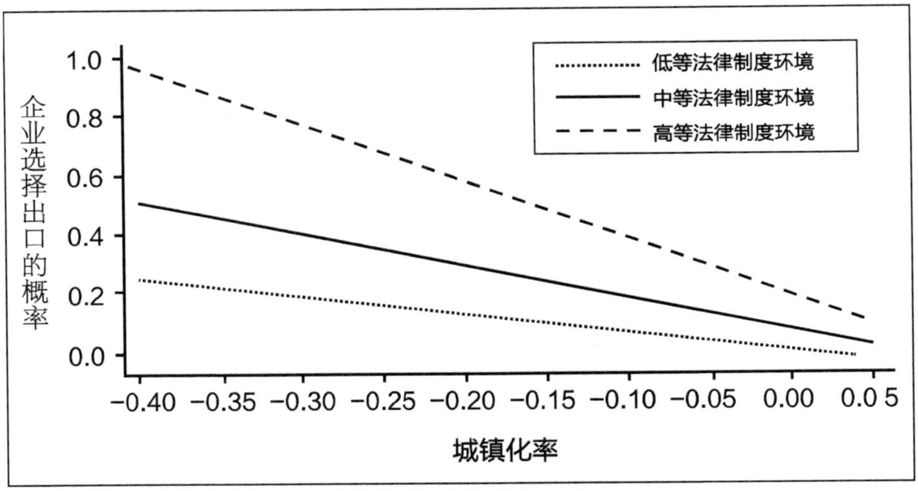

图 6–2　城镇化与企业出口行为的边际效应图：法律制度的调节作用

注：城镇化率与法律制度环境已进行中心化处理

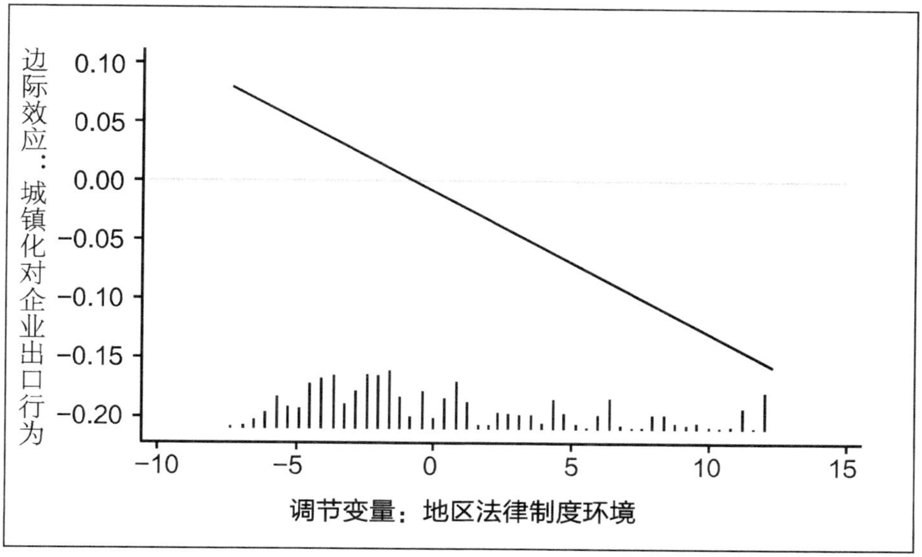

图 6-3　城镇化与企业出口行为的边际效应图：法律制度的调节作用

注：城镇化率与法律制度环境已进行中心化处理

（二）分样本回归分析

1. 所有制异质性企业出口行为

表 6-3 汇报了法律制度环境、城镇化水平对异质性企业出口行为影响的回归结果。由表 6-3 的第（1）至第（3）列结果可知，城镇化水平与法律制度环境交叉项在第（2）列和第（3）列中显著为负，而在第（1）列中不显著，说明法律制度对城镇化与私企和外企出口行为的关系具有显著的负向调节作用，而对国有企业的影响并不显著。同时发现这一调节机制对民营企业的作用比外资企业更大。相对于国有企业，民营企业和外资企业更依赖国内市场。国内市场越稳定对私企和外企的吸引力越大，而对于具

有政策优势和政府大力扶持的国有企业，由于其对国民经济发展的特殊性，可能更多地关注国外市场的发展。由于地区政府致力于引进外资的政策，为了激励外国企业在当地投资，会对外企提供更多的政策支持。并且外国企业在选择投资目标时，更加倾向于制度比较完善的城市，所以外企所在地区的法律环境更优越。对于民营企业，既没有国有企业的制度优势，也不具备外资企业的资金优势，所以在地区法律制度改善、市场需求增加的情况下，将优先选择国内市场。相反，在法律制度环境相对较差的地区，虽然城镇化的推进促进了地区的消费水平，释放了地区市场的需求，但是由于法律对市场运作的保护能力不够，致使企业无法在市场中获得公平竞争，所以被迫寻求国外市场。

2. 要素密集度异质性企业出口行为

由表 6-3 的第（4）列到第（6）列的结果可以发现，无论对于知识密集型行业还是劳动密集型行业或者资本密集型行业，城镇化水平与法律制度环境交叉项的回归系数均显著为负，说明法律制度环境在城镇化水平对不同要素密集型行业企业出口行为的影响中同样具有显著的负向调节作用，并且劳动密集型行业的回归系数更小。说明相对于知识密集型和资本密集型两种行业，劳动密集型行业由于受到我国人口老龄化加剧和有效劳动力数量减少的影响，因此生产力下降，所以选择出口的可能性较低。

表 6-3　　异质性企业出口行为回归结果（分样本）

变量名称	变量符号	企业所有制异质性			要素密集度异质性		
		（1）	（2）	（3）	（4）	（5）	（6）
		国有企业	民营企业	外资企业	知识密集型	劳动密集型	资本密集型
城镇化率	*Urban_rate*	0.286	-1.010***	-0.000234	-0.930**	-0.178	-1.073***
		（0.74）	（-8.10）	（-0.00）	（-1.97）	（-1.14）	（-5.79）
法律制度环境	*Law*	0.00259	0.0134***	-0.0197***	-0.00301	0.0131**	0.00152
		（0.13）	（3.51）	（-3.51）	（-0.22）	（2.42）	（0.26）
以上两者交叉项	*Law×Urban_rate*	-0.0324	-0.0893***	-0.0363***	-0.0828***	-0.0769***	-0.0856***
		（-0.83）	（-9.64）	（-3.09）	（-2.62）	（-6.33）	（-6.36）
地区人力资本水平	*Education*	-0.0363*	0.0114*	0.0440***	0.00805	0.0187**	0.0313***
		（-1.75）	（1.69）	（5.39）	（0.38）	（2.11）	（3.32）
地区基础设施条件	*Hospital*	0.00270	0.0271***	0.0166***	0.0231***	0.0240***	0.0212***
		（0.34）	（9.02）	（4.80）	（2.60）	（5.89）	（5.42）
资金宽裕程度	*Quick*	8.095	0.000335	-0.0244	-0.0600	0.205	-0.258
		（0.63）	（0.19）	（-0.69）	（-0.58）	（1.53）	（-1.27）
抚养比	*Bring_up*	0.00465	0.00232	0.0192***	-0.00388	0.00719*	0.0117***
		（0.54）	（0.74）	（5.37）	（-0.41）	（1.82）	（2.68）
地区工业化水平	*Industrial*	-0.00687	-0.00471*	-0.0248***	-0.0169**	-0.0130***	-0.00661*
		(-0.93)	(-1.80)	(-7.36)	(-2.08)	(-3.50)	(-1.81)
企业经验积累	*Age*	0.000658	0.000386	0.00906*	-0.000486	0.000376	0.000707
		（1.52）	（1.59）	（1.79）	（-0.72）	（1.17）	（1.63）
时间效应		是	是	是	是	是	是
地区效应		是	是	是	是	是	是
行业效应		是	是	是	是	是	是
样本容量		13，839	164，071	100，346	15，223	92，448	73，139
行业个数		2，593	29，064	16，851	3，013	16，350	13，002

注：括号内为 t 值，***、**、* 分别表示在 1%、5% 和 10% 水平上显著

六、稳健性检验

为了检验上述结果的稳健性，利用经济城镇化率作为城镇化水平的代理变量重新进行回归，结果如表 6-4 所示，第（1）列至第（3）列为全样本回归结果，第（4）列至第（9）列为分样本回归结果。结果显示，第（1）列和第（2）列中代理变量的系数依然显著为负，表示城镇化水平的提高抑制企业的出口，这与前文的结论基本一致。第（3）列中，城镇化与法律制度环境的交叉项显著为负，说明地区法律制度的改善，将提高城镇化水平对企业出口的抑制作用。法律制度在城镇化对私企和外企出口行为影响上具有显著的负向调节作用，但对国企作用不明显。同样，在要素密集度行业分样本回归结果中，法律制度对劳动密集型企业出口决策的调节作用显著为负，对知识密集型和资本密集型行业企业的作用为负但不明显，分样本回归结果与前文基本保持一致。

表 6-4　稳健性分析回归结果

变量名称	变量符号	全样本			国企	私企	外资	知识密集	劳动密集	资本密集
		(1)	(2)	(3)	(4)	(5)	(6)	(7)	(8)	(9)
城镇化率	*Urban_rate*	−0.211***	−0.214***	−0.165***	0.0484	−0.207***	−0.0984	−0.208	0.0736	−0.313***
		(−6.19)	(−6.28)	(−4.15)	(0.20)	(−3.65)	(−1.59)	(−1.14)	(1.13)	(−3.39)
法律制度环境	*Law*		0.0114***	0.00961***	−0.00319	0.0148***	−0.0197***	−0.00343	0.0127**	0.000574
			(3.92)	(3.21)	(−0.18)	(3.79)	(−3.49)	(−0.25)	(2.29)	(0.10)
以上两者交叉项	*Urban_rate×Law*			−0.0143**	0.0176	−0.0144*	−0.0119	−0.00517	−0.0286***	−0.0146
				(−2.46)	(0.51)	(−1.82)	(−1.21)	(−0.19)	(−2.81)	(−1.21)
地区人力资本水平	*Education*	0.0237***	0.0208***	0.0220***	−0.0376*	0.0103	0.0415***	0.0112	0.0157*	0.0300***
		(4.95)	(4.30)	(4.52)	(−1.82)	(1.53)	(5.02)	(0.53)	(1.77)	(3.16)
地区基础设施条件	*Hospital*	0.0111***	0.0113***	0.0129***	0.00272	0.0139***	0.0129***	0.0153*	0.0152***	0.0108***
		(6.12)	(6.22)	(6.68)	(0.37)	(4.90)	(4.04)	(1.84)	(4.03)	(2.94)
资金宽裕程度	*Quick_ratio*	0.000209	0.000211	0.000213	11.26	0.000313	−0.0204	−0.0620	0.338*	−0.267
		(0.12)	(0.12)	(0.12)	(0.83)	(0.18)	(−0.62)	(−0.60)	(1.90)	(−1.31)
抚养比	*Bring_up*	0.00696***	0.00658***	0.00649***	0.00193	0.00318	0.0158***	−0.00468	0.00595	0.0108**
		(3.22)	(3.04)	(3.00)	(0.22)	(1.00)	(4.35)	(−0.48)	(1.47)	(2.43)
地区工业化水平	*Industrial*	−0.00525***	−0.00388**	−0.00490***	0.00227	0.00124	−0.0246***	−0.0101	−0.00912**	−0.00155
		(−2.91)	(−2.11)	(−2.61)	(0.30)	(0.48)	(−7.31)	(−1.26)	(−2.47)	(−0.43)
企业经验积累	*Age*	0.000532***	0.000527***	0.000527***	0.000658	0.000379	0.00950*	−0.000506	0.000292	0.000681
		(2.69)	(2.66)	(2.66)	(1.52)	(1.56)	(1.87)	(−0.75)	(0.88)	(1.58)
时间效应		是	是	是	是	是	是	是	是	是
地区效应		是	是	是	是	是	是	是	是	是
行业效应		是	是	是	是	是	是	是	是	是
样本容量		279，616	279，616	279，616	13，198	160，167	96，733	14，657	90，014	70，931
行业个数		48，186	48，186	48，186	2，472	28，610	16，495	2，937	16，070	12，736

注：括号内为 t 值，***、**、* 分别表示在 1%、5% 和 10% 水平上显著

七、主要结论与政策启示

（一）主要结论

本章以国内规模以上工业企业和地区城镇化水平及法律制度环境为考察对象，利用固定效应面板 Logit 模型，检验法律制度环境、城镇化水平对企业出口行为的影响，以及在不同所有制企业和不同要素密集型企业中的差异表现，得到以下结论：①城镇化水平的提高对企业出口行为具有显著的负向影响。②地区法律制度的改善会显著地增加企业的出口动机。③法律制度环境对城镇化与企业出口行为的关系具有负向调节作用。另外，不同所有制企业分类样本回归结果表明：法律制度环境在城镇化对民营企业出口行为的影响中具有显著的负向调节作用，对外资企业的出口行为同样具有负向调节作用，并且前者的作用更大；不同要素密集型行业企业分类样本回归结果表明：对于知识密集型、劳动密集型和资本密集型企业，法律制度环境对城镇化与企业出口行为之间的关系同样具有显著的负向调节作用，并且对资本密集型企业的作用更强，对劳动密集型企业的作用更弱。

（二）政策启示

根据上述结论，谨慎提出以下建议：①鉴于我国经济增长对对外贸易在当前以及以后相当长的时间里都具有较高的依赖性，而国际贸易保护主义、金融危机等对我国经济的威胁仍然存在，各级政府部门应该稳步推进、合理规划地区城镇化。②切实解决民营企业在出口上面临的各项问题，给予足够的法律支持，搭建对外贸易便捷信息服务平台，扫清企业出口障碍。③落实已有法律体系，进一步健全法律制度，以法律规范经济行为，减少因执法效率低给企业运营带来的不便。④相关部门在制定政策时，应根据行业要素密集型异质性特点，出台有针对性的细致规划。

八、本章小结

本章节重点考察在不同的法律制度环境背景下，城镇化对微观企业出口决策影响效果的差异表现。城镇化进程会降低企业选择出口的概率，并且这一关系会受到地区法律制度环境的影响，法律制度环境的改善将扩大城镇化对企业出口的负向作用。法律环境越好的地区，城镇化水平越高，企业选择出口的概率越小。基于企业面板数据，采用面板Logit二元选择模型，进行实证检验，进一步研究上述结论在所有制异质性企业之间、要素密集度异质性企业之间的不同表现。法律制度环境在城镇化对民营企业出口参与行为的影响中具有显著的负向调节作用，对外资企业的出口参与行为同样具有负向的调节作用，并且前者的作用更大。不同要素密集度型行业企业分类样本回归结果表明：对于知识密集型、劳动密集型和资本密集型企业，法律制度环境对城镇化与企业出口参与行为之间的关系同样具有显著的负向调节作用，并且对资本密集型企业的作用更强，对劳动密集型企业的作用更弱。

第七章

行政制度背景下的城镇化与出口

一、问题背景

基于地区性行政垄断与企业出口的关系问题，和城镇化进程与企业出口之间的关系问题，学术界已经进行了一些有益的研究。但是，至今没有学者将行政垄断和城镇化进程纳入同一研究框架，深入研究二者对企业出口行为的交互作用，并且研究方法在解决内生性等问题时略显粗糙。现有研究多基于中国工业企业数据，利用固定效应模型实证研究行政垄断、城镇化进程与企业出口的关系，但由于被解释变量包含大量零值，属于截断数据，如采用OLS估计会导致有偏的结果。多数成果以出口扩展边际为切入点，研究地区性行政垄断与企业出口选择的关系，缺乏关于地区性行政垄断与出口集约边际间关系的成果。因此，本章运用微观企业面板数据固定效应模型、Tobit模型和可以解决样本选择偏误的Heckman选择模型，研究地区行政垄断、城镇化进程对企业出口规模的影响机制，以及地区城镇化水平对地区性行政垄断与企业出口规模之间关系的调节作用。

二、理论框架

在我国独特的经济体制和不完善的市场经济背景下，政府的一些行政法规具有垄断特色。① 依据这些行政法规，政府对要素

① 具有垄断性质的行政法规主要包括：国务院于2004年颁布的《国务院关于投资体制改革的决定》及其附件《政府核准的投资项目目录》(2016年本)；国家发改委于2014年颁布的《外商投资项目核准和备案管理办法》；国家发改委于2014年颁布的《政府核准投资项目管理办法》等。

市场与产品市场实行严格的市场准入规制，企业若要进入相关行业，则需要获得特定投资部门的行政备案或行政核准，这加大了国内市场贸易的成本。同时，行政垄断不利于地区贸易比较优势的充分发挥，扭曲资源的有效配置，造成国内贸易成本高于国外。此外，于良春（2008）指出，地方政府对外来竞争实施行政干预，会导致国内整体市场形成排他性市场分割。政府为了扶持本地产业，通常会利用行政手段阻碍或者限制外来竞争，形成具有强烈地方保护主义色彩的排他性市场分割，导致国内市场的整合性减弱，阻碍了整体内需的有效释放，扩大了国内企业对出口的依存度。出口表现主要体现在企业出口销售额，即企业出口规模。基于上述考虑，我们提出以下假设：

在控制其他条件不变时，地区性行政垄断将带动企业的出口规模。（假设 1）

城镇化是居民消费水平提高的重要驱动因素，是我国最大消费潜力和发展动力之所在。城镇化的发展通过扩大地区居民消费需求和城镇化基础设施投资建设力度，能有效地带动地区市场对过剩工业产能的消耗能力。一方面，城镇化居民无论是在消费能力还是在消费水平上都高于农村居民，城市人口数量的扩大将直接引起地区市场综合消费需求的提升。另一方面，为了满足新增人口的基本生活和生产需求，城市势必加大住房、道路等基础设施的投资与建设力度，对部分产能起到消耗的作用，同时，基础设施建设能够有效降低企业的生产成本，提高企业产品的比较优势，有助于企业出口。基于上述考虑，我们提出以下假设：

在控制其他条件不变时，地区城镇化水平的提高能有效降低企业的出口规模。（假设 2）

地区性行政垄断主要通过干预市场资源配置，限制市场公平竞争保护本地产业，阻止外地企业进入本地市场，最终导致本地产业的市场垄断。当地区城镇化水平提高，地区市场需求扩大时，这些受保护的企业将优先受益，相应地降低了对外部市场的需求，减小了企业出口规模。

在控制其他条件不变时，地区性行政垄断对城镇化水平与企业出口规模间的关系具有负向调节作用。（假设 3）

为了直观地展示地区性行政垄断、城镇化水平对企业出口的影响，本书构建了研究框架图，如图 7-1 所示。

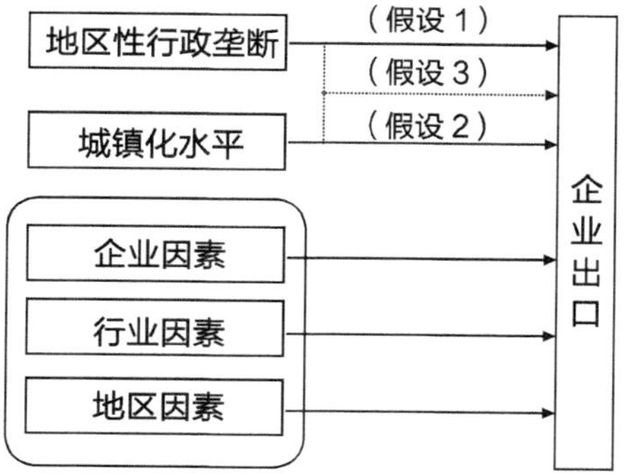

图 7-1　研究框架图

三、实证模型

基于前文的理论分析，为检验地区性行政垄断、城镇化水平对企业出口的影响，本章采用以下基准模型进行回归分析：

$$\ln Export_{ijt} = \beta_0 + \beta_1 \ln Ins_{ijt-3} + \beta_2 \ln Urban_{ijt-1} + \beta_3 \ln Ins_{ijt-3} \times \ln Urban_{ijt-1} + \beta_4 Education_{ijt-1} + \beta_5 Hospital_{ijt-1} + \beta_6 Bring\_up_{ijt-1} + \beta_7 Industrial_{ijt-1} + \beta_8 Quick_{ijt-1} + \beta_9 Age_{ijt-1} + \beta_{10} New\_output_{ijt} + E_i + E_j + E_t + \delta_{ij} + \varepsilon_{ijt}$$

其中，i 表示地区，j 表示企业，t 表示时间，$Export_{ijt}$ 表示 i 地区的 j 企业在 t 年的出口量，采用企业出口交货值加 1 的对数值度量；$Urban_{ijt-1}$ 表示地区城镇化水平，用企业所在地区的市区人口与辖区总人口之比的对数衡量；Ins_{ijt-3} 表示地区性行政垄断，采用于良春和余东华编制的中国地区性行政垄断指数的对数表示；①为了考察地区性行政垄断和城镇化水平对企业出口行为的交互作用，模型中加入了地区性行政垄断与城镇化率的交叉项 $\ln Ins_{ijt-3} \times \ln Ins_{ijt-1}$。

为了避免遗漏关键变量，在模型中还加入了其他影响企业出口的主要指标作为控制变量，包括企业、地区和行业等其他因素。

影响出口的企业内部因素有：①新产品销售比重（New_output_{ijt}）用新产品产值与工业总产值之比表示，新产品销售比重越高，表明企业的科技投入越多，生产率越高，越有利于企业出口。②企业经验积累因素（Age_{ijt-1}），用所处年份与企业开业年份的差衡量，经验多的企业通常会有更牢固的客户关系，企业更加倾向于出口并且扩大出口规模。③企业资金宽裕程度（$Quick_{ijt-1}$），用流动资本与流动负债之比衡量。

影响出口的地区环境因素有：①地区工业化水平（$Industrial_{ijt-1}$），

① 于良春，余东华．中国地区性行政垄断程度的测度研究[J]．经济研究，2009（2）：119-131.

采用地区工业化率衡量，城镇化与工业化的不平衡发展是导致国内市场供需结构扭曲的重要原因，地区工业化的快速发展直接推动了企业的出口。②地区人力资本水平（$Education_{ijt-1}$），采用省大专及以上人口数占 6 岁及以上人口数比重衡量，高素质人才是带动企业创新、提高企业生产效率的重要生产要素，也是推动企业出口的重要条件。③地区基础设施条件（$Hospital_{ijt-1}$），用城市医院床位数作为代理变量。④地区抚养比（$Bring\_up_{ijt-1}$），采用地区总抚养比衡量，计算方法是 15 岁以下和 65 岁及以上人口数与 15~65 岁人口数之比。地区抚养比小，说明该地区的劳动力充足，并且企业的负担小，则相对于其他地区具有劳动力禀赋上的出口比较优势。

另外，模型中还控制了行业、年份和省份虚拟变量（E_i, E_j, E_t）等因素。δ_{ij} 是随企业个体变化但不随时间变化的相关因素，ε_{ijt} 是既随时间变化又随企业个体变化的所有因素。最后，为了解决因当期解释变量与被解释变量之间的反向因果关系造成的内生性问题，将主要解释变量和控制变量进行滞后一期或多期处理，以期得到一致估计。此外，对被解释变量和主要解释变量进行自然对数处理，以减小变量异方差性对结果造成的影响。

四、数据来源与说明

企业层面的所有数据，包括企业出口交货值、流动资本、流动负债以及企业开业年份等数据均来自“中国工业企业数据库”。

地区性行政垄断指标数据源于于良春和余东华（2009）测算

的地区性行政垄断指数，这一指数不仅仅基于市场分割或者地方保护来度量地方政府行政性垄断对于本地经济的影响，能够更加全面地反映中国各省的地区性行政垄断程度。

地区特征数据，包括城镇化率、工业化率、人口抚养比、人力资本水平等数据均源于历年《中国城市统计年鉴》中的相关统计数据计算得到。

变量详细的统计性描述见表 7–1。

表 7–1　　变量统计性描述

变量名称（单位）	变量符号	指标选取	均值	标准差
企业出口规模（千元）	*Export*	企业出口交货值	8283.133	29807.7
城镇化率	*Urban*	城镇常住人口数 / 城乡总人口	0.37	0.25
行政垄断指数	*Ins*	地区性行政垄断指数	0.51	0.07
新产品销售比重	*New_output*	新产品产值 / 工业总产值之比	0.025	0.129
资金宽裕程度	*Quick*	流动资本 / 流动负债	0.0081	1.27
企业经验积累（年）	*Age*	到 2011 年企业运行年份	11.56	56.51
地区工业化水平（%）	*Industrial*	省工业增加值 /GDP × 100%	39.06	10.6
地区人力资本水平（%）	*Education*	省大专及以上学历人口数 / 6 岁及以上人口数 ×100%	7.26	5.02
抚养比（%）	*Bring_up*	15 岁以下与 65 岁及以上人口数 /15~65 岁人口数 ×100%	37.22	6.89
地区基础设施条件	*Hospital*	城市医院床位数	15.71	21.06

五、实证分析

（一）面板数据固定效应模型和 Tobit 模型

面板数据固定效应模型和 Tobit 模型如表 7-2 所示。

表 7-2　　面板数据固定效应模型和 Tobit 模型回归结果

变量名称	变量符号	（1）	（2）	（3）	（4）	（5）	（6）
		固定效应模型			Tobit 模型		
地区性行政垄断	*lnIns*	0.0857***	0.0856***	0.0127***	0.950***	0.999***	0.0900***
		（0.0196）	（0.0196）	（0.00240）	（0.207）	（0.207）	（0.0248）
城镇化率	*lnUrban*		−0.0252	−0.0110		1.303***	0.907***
			（0.0223）	（0.0153）		（0.0277）	（0.0191）
前两者的交叉项	*lnUrban×lnIns*			0.0198***			0.284***
				（0.00224）			（0.0175）
新产品销售比重	*New_output*	0.693***	0.693***	0.696***	8.854***	8.895***	8.908***
		（0.0235）	（0.0235）	（0.0235）	（0.0759）	（0.0758）	（0.0758）
地区基础实施条件	*Hospital*	0.0000842***	0.0000857***	0.0000737***	−0.00298***	−0.00519***	−0.00523***
		（0.0000262）	（0.0000262）	（0.0000262）	（0.0000967）	（0.000117）	（0.000117）
资金宽裕程度	*Quick*	−0.00578***	−0.00578***	−0.00576***	0.00247	0.00231	0.00184
		（0.00163）	（0.00164）	（0.00164）	（0.00850）	（0.00846）	（0.00853）
抚养比	*Bring_up*	−0.00125	−0.00154	−0.00257**	−0.0102	0.000391	−0.0159**
		（0.00129）	（0.00130）	（0.00130）	（0.00650）	（0.00650）	（0.00659）
地区工业化水平	*Industrial*	−0.00609***	−0.00612***	−0.00482***	−0.0638***	−0.0659***	−0.0477***
		（0.000881）	（0.000882）	（0.000887）	（0.00511）	（0.00511）	（0.00521）
企业经验积累	*Age*	0.00415***	0.00415***	0.00413***	0.0701***	0.0689***	0.0689***
		（0.000653）	（0.000652）	（0.000653）	（0.00137）	（0.00137）	（0.00137）

表 7-2　面板数据固定效应模型和 Tobit 模型回归结果　（续表）

变量名称	变量符号	（1）	（2）	（3）	（4）	（5）	（6）
		固定效应模型			Tobit 模型		
常数项		2.621*** （0.0601）	2.600*** （0.0636）	2.576*** （0.0589）	-8.088*** （0.270）	-6.703*** （0.273）	-8.285*** （0.236）
时间效应		是	是	是	是	是	是
地区效应		是	是	是	是	是	是
行业效应		是	是	是	是	是	是
样本容量		1, 442, 386	1, 442, 369	1, 442, 369	1, 442, 387	1, 442, 370	1, 442, 370
拟合优度		0.004	0.004	0.004	0.0458	0.0463	0.0464

注：表中括号内为稳健标准误，*、**、*** 分别表示通过了 10%、5%、1% 的显著性水平检验

首先利用面板数据固定效应模型分析地区性行政垄断、城镇化水平对企业出口规模的影响，鉴于被解释变量包含了大量零值，属于截断数据，如果采用 OLS 估计可能会存在产生有偏结果的风险，所以我们进一步采取对截断数据更有效的 Tobit 模型进行估计，然而 Tobit 模型本身又存在对分布的依赖性过强的局限，从而其估计结果也可能不够稳健。表 7-2 给出了 OLS 固定效应模型和 Tobit 模型的估计结果。模型中不存在严重的多重共线性，方差膨胀因子（VIF）处于 1.02 到 3.28 之间，平均值为 1.6，为了降低交叉项对模型多重共线性的影响，回归中还对交叉项做了中心化处理。

表 7-2 中的第（1）列至第（3）列是固定效应模型的估计结果。结果显示，地区性行政垄断的系数显著为正，验证了前文的假设 1；城镇化水平的系数为负，但不显著；城镇化水平与地区

性行政垄断交叉项的系数显著为正。对于已经出口的企业，地区性行政垄断将促使企业扩大出口规模。城镇化水平对企业的出口没有显著的影响，但地区行政垄断对城镇化水平与企业出口规模间的关系具有显著的正向调节作用，这一结果没有证实前文的假设 3，原因可能是数据中被解释变量包含的零值造成了 OLS 估计出现了选择性偏误。

第（4）列至第（6）列是 Tobit 模型的估计结果，与固定效应模型结果基本一致。地区性行政垄断对企业出口依然存在显著的促进作用，交叉项的系数同样显著为正。与固定效应模型结果不同的是，城市化水平的系数为正，并通过了 1% 显著性水平检验，同时拟合优度明显变大，但与前文的假设 2 矛盾，说明虽然利用 Tobit 模型解决了因大量零值数据导致 OLS 有偏的问题，但可能由于分布的非正态性，导致结果出现了偏差。此外，城市化水平与地区性行政垄断的交叉项系数的符号和显著性依然与固定效应模型一致，同样与前文的假设 3 不符，也受到了分布限制问题的干扰。

（二）出口扩展边际与集约边际的 Heckman 模型

虽然固定效应模型和 Tobit 模型得到了基本一致的结论，但是最终却不能有效地解决样本的选择性偏误，并受限于模型扰动项的非正态性问题。Heckman 两步法是解决此类问题的有效途径。因此，本节运用 Heckman 两步法样本选择模型对上述结果进行修正。

表 7-3 显示了出口扩展边际和集约边际的 Heckman 两步法

选择模型的估计结果，出口规模方程中逆米尔斯比率（lambda）的系数均显著不为0，说明Heckman选择模型的应用是恰当且必要的。第（1）列和第（2）列加入了主要解释变量地区行政垄断和所有控制变量，结果显示，地区行政垄断的回归系数显著为正，说明地区性行政垄断不仅增加了企业的出口意愿，结果与刘志强和卢崇煜的结论一致，[①]而且将促使已经出口的企业扩大出口规模，结果与固定效应、Tobit模型的结果一致，由此再次证明了前文的假设1。在此基础上第（3）列和第（4）列加入了城镇化水平，地区性行政垄断的系数依然显著为正，说明控制了市场需求后，地区行政垄断对企业出口仍具有显著的促进作用。而在第（4）列中城镇化水平的系数显著为负，城镇化水平的提高会导致出口企业缩小出口规模，说明地区城镇化水平的提高通过带动消费需求和投资需求，扩大了内需，有效地消耗了过剩的产能，降低了企业对出口的依赖，该结论验证了前文的假设2。

为了探究地区性行政垄断对城镇化水平与企业出口规模间的调节作用，我们在第（5）列和第（6）列中加入了城镇化水平与地区性行政垄断的交叉项。结果显示，第（6）列中交叉项的系数显著为负，说明行政垄断对城镇化水平与企业出口规模的关系具有显著的负向调节作用。在地区行政垄断保护地方产业的背景下，城镇化进程扩大了地区市场需求，进而降低本地产业的出口规模，由此验证了假设3的猜想。这一结果与前文OLS的结果不一致，

① 卢崇煜，刘志强．城镇化对企业出口决策的影响研究[J]．河南社会科学，2018（1）：91-96.

是因为模型不可避免的样本选择偏误导致 OLS 估计得到了有偏的结果，使用 Heckman 两步法对模型进行了有效的修正。

表 7-3　　Heckman 选择模型的回归结果

变量名称	变量符号	(1)	(2)	(3)	(4)	(5)	(6)
		选择模型	结果模型	选择模型	结果模型	选择模型	结果模型
地区性行政垄断	*lnIns*	0.198***	0.128**	0.207***	0.126**	0.0222***	0.0253***
		(0.0294)	(0.0501)	(0.0294)	(0.0501)	(0.00348)	(0.00612)
城镇化率	*lnUrban*			0.0763***	−0.0174**	0.0509***	−0.0117**
				(0.00454)	(0.00727)	(0.00314)	(0.00500)
上述两者的交叉项	*lnUrban×lnIns*					0.0142***	−0.0282***
						(0.00266)	(0.00470)
新产品销售比重	*New_output*	0.619***	0.363***	0.621***	0.363***	0.623***	0.361***
		(0.0141)	(0.0177)	(0.0141)	(0.0177)	(0.0141)	(0.0177)
地区基础设施条件	*Hospital*	−0.000119***	−0.000110***	−0.000245***	−0.0000801***	−0.000245***	−0.0000787***
		(0.0000150)	(0.0000230)	(0.0000170)	(0.0000261)	(0.0000170)	(0.0000261)
资金宽裕程度	*Quick*	0.00128	0.00257	0.00126	0.00257	0.00124	0.00261
		(0.00123)	(0.00264)	(0.00123)	(0.00264)	(0.00124)	(0.00264)
抚养比	*Bring_up*	0.00811***	−0.00240**	0.00876***	−0.00253**	0.00876***	−0.00216*
		(0.000818)	(0.00111)	(0.000819)	(0.00111)	(0.000820)	(0.00111)
地区工业化水平	*Industrial*	−0.00407***	0.0223***	−0.00438***	0.0223***	−0.00419***	0.0220***
		(0.000487)	(0.000756)	(0.000487)	(0.000757)	(0.000489)	(0.000759)
企业经验成果	*Age*	−0.00184***	−0.000976***	−0.00190***	−0.000960***	−0.00190***	−0.000950***
		(0.000228)	(0.000337)	(0.000228)	(0.000337)	(0.000228)	(0.000337)
常数项		−1.731***	8.989***	−1.646***	8.969***	−1.864***	8.873***
		(0.0368)	(0.0556)	(0.0372)	(0.0563)	(0.0331)	(0.0484)
	L_exp	2.833***		2.831***		2.831***	
		(0.00422)		(0.00422)		(0.00422)	

表 7-3　　Heckman 选择模型的回归结果　　（续表）

变量名称	变量符号	（1）	（2）	（3）	（4）	（5）	（6）
		选择模型	结果模型	选择模型	结果模型	选择模型	结果模型
	Lambda		-0.669*** （0.00501）		-0.669*** （0.00502）		-0.669*** （0.00502）
时间效应		是	是	是	是	是	是
地区效应		是	是	是	是	是	是
行业效应		是	是	是	是	是	是
样本容量		1, 002, 105	1, 002, 105	1, 002, 090	1, 002, 090	1, 002, 090	1, 002, 090

注：表中括号内为稳健标准误，*、**、*** 分别表示通过了 10%、5%、1% 的显著性水平检验。*L_exp* 表示企业上一期的出口决策

六、稳健性检验

Heckman 选择模型稳健性检验的回归结果，如表 7-4 所示。

表 7-4　　Heckman 选择模型稳健性检验的回归结果

变量名称	变量符号	（1）	（2）	（3）	（4）	（5）	（6）
		选择方程	结果方程	选择方程	结果方程	选择方程	结果方程
地区性行政垄断	*lnIns*	0.252*** （0.0145）	2.172*** （0.0235）	0.257*** （0.0146）	2.171*** （0.0235）	0.0820*** （0.00462）	0.730*** （0.00756）
城镇化率	*lnUrban*			0.0626*** （0.00373）	-0.0170*** （0.00610）	0.0427*** （0.00257）	-0.0369*** （0.00429）
前两者的交叉项	*lnUrban×lnIns*					-0.00501** （0.00226）	-0.107*** （0.00385）
新产品销售比重	*New_output*	0.606*** （0.0120）	0.659*** （0.0159）	0.608*** （0.0120）	0.658*** （0.0159）	0.608*** （0.0120）	0.663*** （0.0159）
地区基础设施条件	*Hospital*	-0.0000872*** （0.0000135）	-0.0000253 （0.0000215）	-0.000189*** （0.0000150）	0.00000273 （0.0000237）	-0.000194*** （0.0000152）	-0.000120*** （0.0000241）

表 7-4　　Heckman 选择模型稳健性检验的回归结果　　（续表）

变量名称	变量符号	（1）	（2）	（3）	（4）	（5）	（6）
		选择方程	结果方程	选择方程	结果方程	选择方程	结果方程
基金宽裕程度	*Quick*	0.00143	0.00184	0.00142	0.00184	0.00142	0.00197
		（0.00122）	（0.00284）	（0.00122）	（0.00284）	（0.00122）	（0.00284）
抚养比	*Bring_up*	−0.00118*	0.0113***	−0.000866	0.0112***	−0.000893	0.00925***
		（0.000662）	（0.000970）	（0.000663）	（0.000971）	（0.000663）	（0.000972）
地区工业化水平	*Industrial*	−0.00142***	0.0703***	−0.00186***	0.0704***	−0.00167***	0.0750***
		（0.000332）	（0.000537）	（0.000333）	（0.000540）	（0.000344）	（0.000564）
企业经验成果	*Age*	−0.000223**	0.000353	−0.000240**	0.000362	−0.000239**	0.000396
		（0.000104）	（0.000245）	（0.000103）	（0.000245）	（0.000103）	（0.000245）
常数项		−1.327***	11.21***	−1.246***	11.19***	−1.815***	7.086***
		（0.0434）	（0.0687）	（0.0437）	（0.0692）	（0.0238）	（0.0366）
	L_exp	2.988***		2.987***		2.987***	
		（0.00350）		（0.00350）		（0.00350）	
	Lambda		−0.505***		−0.505***		−0.506***
			（0.00442）		（0.00442）		（0.00442）
	时间效应	是	是	是	是	是	是
	地区效应	是	是	是	是	是	是
	行业效应	是	是	是	是	是	是
	样本容量	1, 600, 899	1, 600, 899	1, 600, 884	1, 600, 884	1, 600, 884	1, 600, 884

注：表中括号内为稳健标准误，*、**、*** 分别表示通过了 10%、5%、1% 的显著性水平检验。*L_exp* 表示企业上一期的出口决策

为了检验上述结果的稳健性，我们利用樊纲等（2011）测算的中国各地区市场化指数的倒数作为地区性行政垄断的代理变量，重新利用 Heckman 两步法进行实证检验。地区行政垄断程度越高，意味着市场在资源配置中的作用越弱，该地区的市场化

程度越低。结果见表7-4。结果显示，在所有方程中，代理变量的回归系数均仍然显著为正。第（4）列中，城镇化水平的系数显著为负。在第（6）列中，城镇化水平与代理变量的交叉项显著为负。结果与前文结果基本保持一致，说明前文的结论是稳健的。但在第（5）列中，城镇化水平与代理变量交叉的系数显著为负，与前文的结果不一致，原因可能是地区市场化进程只能部分解释该地区的行政垄断程度。

七、主要结论与政策启示

（一）主要结论

本章匹配了相关数据，运用微观企业面板数据固定效应模型、Tobit模型和Heckman两步法样本选择模型，逐步解决个体的异质性和内生性问题以及修正样本选择偏误，研究地区性行政垄断、城镇化水平对企业出口规模的影响机制，以及行政垄断对城镇化水平与企业出口规模之间关系的调节作用。结果表明：地区性行政垄断严重地造成了国内市场的非整合性，限制了内需的有效释放，是企业进行出口扩张的重要原因。修正了样本选择性偏误后，这一结论仍然成立。同时，城镇化水平的提高，活跃了国内市场，刺激了国内消费需求，可以显著地降低企业的出口规模。行政垄断对城镇化水平与企业出口规模之间的关系具有显著的负向调节作用，说明行政垄断限制了外来企业对本地市场的公平竞争，造成本地产业市场独占的现象，从而加大了城镇化进程对本地企业出口规模的抑制作用。

（二）政策启示

基于上述结论，谨慎提出以下建议：①各地方政府应当坚定不移地推进市场化改革，减少政府在资源配置环节的行政审批干预，破除行政垄断，促进企业间对市场公共资源的良性竞争，消除对促进市场整合性不利的行政因素，依托自由贸易区改革战略，对市场自由化等多方面的制度进行改革，让更多的企业享受到尽可能多的社会主义市场化改革成果。②继续稳步推进、合理规划地区城镇化建设，优化城市空间结构，推动教育、医疗、通讯、生态等基础设施建设，推动公共服务业发展，鼓励城市消费，以消费带动地区市场需求，从而降低并逐步摆脱国内经济增长对出口的过度依赖。③建立贸易摩擦预警机制，把握国际经济环境的变化趋势，及时调整经济与贸易发展战略，在处理外需和内需的关系时采取更加均衡的战略措施。

八、本章小结

本章重点分析了在不同行政制度环境背景下，城镇化水平与企业出口规模的关系。城镇化可以缩小企业的出口规模，并且地区性行政垄断会负调节城镇化与企业出口规模的关系。地区行政垄断对地方产业的保护，降低了这些产业对外部市场的需求。运用面板固定效应模型解决遗漏变量问题，采用 Tobit 模型结论归并数据，利用 Heckman 选择模型处理样本选择，实证量化分析行政制度环境、城镇化水平和企业出口规模三者的关系，并对结论的稳健性进行了分析。

第八章

主要观点与政策启示

一、主要观点

本书研究了城镇化水平对我国出口依存度的影响，并分别从法律制度环境、行政制度环境两方面，考察城镇化进程对企业出口参与、出口规模影响的差异表现。得出如下主要结论：

第一，中国的城镇化进程与出口依存度并非线性关系，而是具有显著的倒U形关系。随着城镇化水平的提高，我国对出口的依存度先升高后降低。城镇化进程与企业的出口决策具有正U形的非线性关系，并且此关系不受地区基础设施条件、地区人力资本水平、地区市场潜力等因素的影响。

第二，当不考虑城镇化水平与出口的非线性关系时，城镇化水平的提高对企业出口参与行为具有显著的负向影响，说明随着城镇化水平的提高，抑制了企业参与出口。

第三，地区法律制度的改善会显著地增加企业参与出口的动机，并且法律制度环境的改善，将增大城镇化的推进对企业出口参与行为的抑制作用。

第四，不同所有制企业分类样本回归结果表明：法律制度环境在城镇化对民营企业出口参与行为的影响中具有显著的负向调节作用，对外资企业的出口参与行为同样具有负向的调节作用，并且前者的作用更大。不同要素密集型行业企业分类样本回归结果表明：对于知识密集型、劳动密集型和资本密集型企业，法律制度环境对城镇化与企业出口参与行为之间的关系同样具有显著的负向调节作用，并且对资本密集型企业的作用更强，对劳动密集型企业的作用更弱。

第五，地区性行政垄断严重地造成了国内市场的非整合性，限制了内需的有效释放，是企业进行出口扩张的重要原因。修正了样本选择性偏误后，这一结论仍然成立。

第六，城镇化水平的提高，活跃了国内市场，刺激了国内消费需求，可以显著地降低企业的出口规模。

第七，行政垄断对城镇化水平与企业出口规模之间的关系具有显著的负向调节作用，说明行政垄断可以扩大城镇化进程对企业出口规模的负向效应。

二、政策启示

根据上述结论，鉴于在当前以及以后相当长一段时间内，对外贸易在中国经济中依然会发挥重要作用，结合中国对外贸易现状，谨慎提出以下政策建议：

政策建议 1：各级行政部门应该合理规划并稳步推进中国城镇化，限制城镇化释放内需，进而降低出口的最大障碍，即收入差距问题，政府有关部门要明确以收入分配制度改革为核心，加快缩短收入差距，同时加大社会保障和户籍制度改革。

政策建议 2：加快市民化进程，提高地区城镇化水平。已步入市民化阶段的城市应该充分利用城镇化激发地区消费需求，降低出口依赖；同时地方政府应该大力扶持服务型行业等新兴行业。还处在城市规模化阶段的城市，大力发展新型工业，走新型工业化道路，让工业化成为带动城镇化的根本动力。

政策建议3： 落实已有法律体系，进一步健全法律制度，以法律规范经济行为，减少执法给企业运营带来的不便。相关部门在制定政策时，应根据行业要素密集度异质性特点，出台有针对性的细致规划，切实解决民营企业在出口上面临的各项问题，给予足够的法律支持，搭建对外贸易便捷信息服务平台，扫清企业出口障碍。

政策建议4： 各地方政府应当坚定不移地推进市场化改革，减少政府在资源配置环节的行政审批干预，破除行政垄断，促进企业间对市场公共资源的良性竞争，消除对促进市场整合性不利的行政因素，依托自由贸易区改革战略，对市场自由化等多方面的制度进行改革，让更多的企业享受到尽可能多的社会主义市场化改革成果。建立贸易摩擦预警机制，及时把握国际贸易环境的变化趋势，并准确调整经济和贸易发展战略，在处理外需和内需的关系时采取更加均衡的战略措施。

参考文献

中文文献

[1] 包群，阳佳余．金融发展影响了中国工业制成品出口的比较优势吗[J]. 世界经济，2008（3）：21–33.

[2] 陈昌兵．城镇化与投资率和消费率间的关系研究[J]. 经济学动态，2010（9）：42–48.

[3] 陈松，刘海云．人口红利、城镇化与我国出口贸易的发展[J]. 国际贸易问题，2013（6）：57–66.

[4] 丁成日，高卫星．中国“土地”城镇化和土地问题[J]. 城市发展研究，2018（1）：29–36.

[5] 樊纲，王小鲁，朱恒鹏．中国市场化指数．各省区市场化相对进程2011 年度报告[M]. 北京：经济科学出版社，2011.

[6] 辜胜阻，李华，易善策．城镇化是扩大内需实现经济可持续发展的引擎[J]. 中国人口科学，2010（3）：2–10.

[7] 郭炳南，程贵孙．城镇化水平、贸易自由化与经济增长关系的实证研究[J]. 国际贸易问题，2013（4）：18–26.

[8] 郭平．政治关系、制度环境与中国企业出口行为[J]. 当代财经，2015 （1）：98–108.

[9] 韩峰，王业强．市场潜力、政府干预与人口城镇化[J]. 中国人口科学，2017（1）：59–129.

[10] 贺振华．寻租、过度投资与地方保护[J]. 南开经济研究，2006（2）：64–73.

[11] 洪俊杰，刘志强，黄薇．区域振兴战略与中国工业空间结构变动——对中国工业企业调查数据的实证分析[J]. 经济研究，2014（8）：28-40.

[12] 霍利斯·钱纳里等．发展的型式：1950-1970[M]. 北京：经济科学出版社，1988.

[13] 简新华，黄锟．中国城镇化水平和速度的实证分析与前景预测[J]. 经济研究，2010（3）：28-39.

[14] 姜琪．行政垄断如何影响中国的经济增长——基于细分视角的动态分析框架[J]. 经济评论，2015（1）：103-117.

[15] 蒋为，蒋柳．法治环境、契约执行与中国企业出口行为[J]. 当代财经，2015（1）：87-97.

[16] 金碚．竞争秩序与竞争政策[M]. 北京：社会科学文献出版社，2005.

[17] 靳来群，林金忠，丁诗诗．行政垄断对所有制差异所致资源错配的影响[J]. 中国工业经济，2015（4）：31-43.

[18] 康妮，陈林．行政垄断加剧了企业生存风险吗[J]. 财经研究，2017，43（11）：17-29.

[19] 雷潇雨，龚六堂．城镇化对于居民消费率的影响：理论模型与实证分析[J]. 经济研究，2014（6）：44-57.

[20] 李久枫，余华飞，付迎春等．广东省“人口—经济—土地—社会—生态”城镇化协调度时空变化及其聚类模式[J]. 地理科学进展，2018（2）：287-298.

[21] 刘鹤．世界市场和中国城镇化模式的均衡[J]. 比较，2009（6）.

[22] 刘修岩，易博杰，邵军．示范还是挤出 FDI 对中国本土制造业企业出口溢出的实证研究[J]. 世界经济文汇，2011（5）：106-120.

[23] 刘志强，白雪飞，卢崇煜．法律制度环境、城镇化水平对房价的影响

研究 [J]. 当代经济科学，2018（05）：62-69.

[24] 刘志强，白雪飞．规模经济对创新型企业出口行为的影响研究 [J]. 软科学，2018 （05）：14-17.

[25] 刘志强，卢崇煜．地区市场异质性、研发投入对企业创新绩效的影响 [J]. 科技进步与对策，2018（12）：105-112.

[26] 刘志强，卢崇煜．地区性行政垄断对企业出口决策的影响研究 [J]. 经济问题探索，2015（5）：42-46.

[27] 刘志强，戚建梅．地区行政垄断对企业生产率的影响分析——基于企业所有制异质性视角 [J]. 经济问题探索，2014（7）：136-141.

[28] 刘志强．地区法治环境对企业出口决策的影响研究 [J]. 科研管理，2014（6）：94-101.

[29] 刘志强．内部供给、外部需求和中国出口的动态变化——基于 SVAR 模型的实证研究 [J]. 财贸经济，2013（5）：76-84.

[30] 楼继伟．未来 15 年中国经济的风险、动力和政策挑战 [J]. 比较，2010（6）：1-22.

[31] 卢崇煜，刘志强．城镇化对企业出口决策的影响研究 [J]. 河南社会科学，2018（1）：91-96.

[32] 卢跃，阎其凯，高凌云．中国对外贸易方式的创新：维度、实践与方向 [J]. 国际经济评论，2017（4）：116-127.

[33] 马丹．城镇化能降低中国的出口依赖吗？ [J]. 经济理论与经济管理,2013（10）：38-49.

[34] 戚聿东，刘健．中国国有企业改革的未竟使命与战略设计 [J]. 中州学刊，2015（2）：24-29.

[35] 秦莹，刘冰．基于地区行政垄断视角的过度竞争及其效率测算 [J]. 统计与决策，2012（22）：52-55.

[36] 盛斌，吕越．对中国出口二元边际的再测算：基于2001-2010年中国微观贸易数据[J]. 国际贸易问题，2014（11）：25-36.
[37] 盛丹，王永进．基础设施、融资依赖与地区出口比较优势[J]. 金融研究，2012（5）：15-29.
[38] 盛丹，王永进．中国企业低价出口之谜——基于企业加成率的视角[J]. 管理世界，2012（5）：8-23.
[39] 盛丹．地区行政垄断与我国企业出口的“生产率悖论”[J]. 产业经济研究，2013（4）：70-80.
[40] 史长宽，梁会君．行政垄断、市场进入成本与出口生产率悖论——基于中国工业省级动态面板数据的经验分析[J]. 经济与管理研究，2013（9）：28-37.
[41] 孙文凯．城镇化与经济增长关系分析——兼评中国特色[J]. 经济理论与经济管理，2011（4）：33-40.
[42] 佟家栋，刘竹青．地理集聚与企业的出口抉择：基于外资融资依赖角度的研究[J]. 世界经济，2014（7）：67-85.
[43] 万良勇．法治环境与企业投资效率——基于中国上市公司的实证研究[J]. 金融研究，2013（12）：154-166.
[44] 汪来喜．基础设施对地区出口优势影响的实证研究——基于省际面板数据分析[J]. 经济问题探索，2015（12）：106-111.
[45] 王建康，谷国锋，姚丽．城镇化进程、空间溢出效应与城乡收入差距——基于2002-2012年省级面板数据[J]. 财经研究，2015（5）：55-66.
[46] 王树柏，李小平．提高碳生产率有助于出口质量提升吗？——基于166个经济体跨国面板数据的分析[J]. 国际贸易问题，2017（1）：93-103.

[47] 许昌平．基于集聚效应的企业研发、创新、生产率和出口——来自结构模型的证据 [J]. 当代财经，2016（4）：92-101.
[48] 姚洋，余淼杰，劳动力人口和中国出口导向的增长模式 [J]. 金融研究，2009（9）：1-13.
[49] 于良春，余东华．中国地区性行政垄断程度的测度研究 [J]. 经济研究，2009（2）：119-131.
[50] 于良春．反行政性垄断与促进竞争政策前沿问题研究 [M]. 经济科学出版社，2008.
[51] 余东华．地区行政垄断、产业受保护程度与产业效率——以转型时期中国制造业为例 [J]. 南开经济研究，2008（4）：86-96.
[52] 余淼杰．中国的贸易自由化与制造业企业生产率 [J]. 经济研究，2010（11）：97-110.
[53] 张杰，刘志彪，张少军．制度扭曲与中国本土企业的出口扩张 [J]. 世界经济，2008（10）：3-11.
[54] 张卫国，任燕燕，花小安．地方政府投资行为、地区性行政垄断与经济增长——基于转型期中国省级面板数据的分析 [J]. 经济研究，2011（8）：26-37.
[55] 周天勇．中国向何处去 [M]. 北京：人民日报出版社，2010.

英文文献

[1] Abed G. T., Davoodi H. R.. Corruption, Structural Reforms, and Economic Performance in the Transition Economies[J]. Imf Working Papers, 2000, 00（132）.

[2] Acemoglu D. et al . Contracts and technology adoption[J]. American Economics Review, 2007,97（3）: 916-943.

[3] Amiti M. , C. Freund. An Anatomy of China's Trade Growth[C].Paper presented at the Trade Conference,2007, IMF.

[4] Anderson J. E., Wincoop E. V.. Trade Costs[J]. Journal of Economic Literature, 2004, 42（3）: 691-751.

[5] Beck T.. Financial dependence and international trade[J].Reviews of international Economics, 2003, 11（2） : 296-316.

[6] Bernard A. B. , Eaton J., Jensen J. B., et al. Plants and Productivity in International Trade[J]. American Economic Review, 2003, 93（4）: 1268-1290.

[7] Bernard A. B., Eaton J. J., Jensen J. B., and Kortum S. S.. Plants and Productivity in International Trade[J]. American Economic Review, 2003, 93（4）: 1268-1290.

[8] Bernard A. B., Eaton J., Jensen J. B., Kortum S. S.. Plants and Productivity in International Trade[J]. American Economic Review, 2003（4）: 1268-1290.

[9] Bernard A. B., Jensen J. B., Redding S. J., et al. Firms in International Trade[J]. Journal of Economic Perspectives, 2007, 21（3）: 105-130.

[10] Bernard A. B., Redding S. J., and Schott P. K.. Comparative Advantage and Heterogeneous Firms[J].Review of Economic Studies, 2007,74（1）: 31-66.

[11] Chaney T.. Liquidity Constrained Exporters[R]. University of Chicago.2005

[12] Chor D.. Unpacking sources of comparative advantage: A quantitative approach[J]. Journal of International Economics, 2010, 82（2）: 152-167.

[13] Coar A. K., Demir B.. Domestic road infrastructure and international trade: Evidence from Turkey[J]. Journal of Development Economics, 2016, 118（1）: 232-244.

[14] Costinot A.. On the origins of comparative advantage[J]. Journal of International Economics, 2009, 77（2）: 255-264.

[15] Duesenberry J. S.. Income, saving, and the Theory of Consumer Behavior. Cambridge[M]. Boston: Harvard University Press,1949.

[16] Easterly W., Levine R.. Tropics, Germs, and Crops: How Endowments Influence Economic Development[J]. Journal of Monetary Economics, 2002, 50（1）: 3-39.

[17] Eaton J., Kortum S., Kramarz F..An Anatomy of International Trade: Evidence from French Firms[J]. Econometrica, 2011,79（5）: 1453-1498.

[18] Fabro G., Aixalá J.. Economic Growth and Institutional Quality: Global and Income-Level Analyses[J]. Journal of Economic Issues, 2009, 43（4）: 997-1023.

[19] Feenstra R. C., Hong C., Ma H., et al. Contractual versus non-contractual trade: The role of institutions in China[J]. Journal of Economic Behavior & Organization, 2013, 94（1）: 281-294.

[20] Feenstra R. C., Hong C., Ma H., Spencer B. J.. Contractual versus Non-

contractual Trade: The Role of Institutions in China[R]. NBER Working Paper, 2012.

[21] Fielding D., Torres S.. Cows and Conquistadors: A Contribution on the Colonial Origins of Comparative Development[J]. Journal of Development Studies, 2008, 44（8）: 1081-1099.

[22] Hausman J. A.. Specification Tests in Econometrics[J]. Econometrica, 1978, 46（6）: 1251-1271.

[23] Heckman J. J.. Sample Selection Bias as a Specification Error[J]. Econometrica, 1979, 47（1）: 153-161.

[24] Hellman D. A.. A Model of Regional Export Activity [J]. Agglomeration economics, 2001（1）: 12-17.

[25] Helpman E., Krugman P.. Market Structure and ForeignTrade[M]. Boston: MIT Press, Cambridge MA, 1985.

[26] Hummels D., Klenow P. J.. The Variety and Quality of a Nation's Exports[J]. American Economic Review, 2005,95（3）: 704-723.

[27] Knack S., Keefer P.. Institutions and Economic Performance: Cross - country Tests Using Alternative Institutional Measures[J]. Economics & Politics, 1995, 7（3）: 207-227.

[28] Krugman, P. Increasing Returns, Monopolistic Competition and International Trade[J], Journal of International Economics, 1979（9）: 469-479.

[29] Levchenko A. A. Institutional Quality and International Trade[J]. IMF Working Papers, 2004, 74（3）: 791-819.

[30] Levchenko A. A.. International Trade and Institutional Change[J]. Journal of Law Economics & Organization, 2013, 29（5）: 1145-1181.

[31] Li H., Zhang Y. The role of managers' political networking and functional

experience in new venture performance: Evidence from China's transition economy[J]. Strategic Management Journal, 2007, 28（8）: 791-804.

[32] Lu D.. Exceptional Exporter Performance: Evidence from Chinese Manufacturing Firms[J].Working Paper, 2010（12）: 1-45.

[33] Lu, D. , Lu Y., Tao Z.. Exporting Behavior of Foreign Affiliates: Theory and Evidence[J]. Journal of Internatioal Economic , 2010,81（2）: 197-205.

[34] Manova K.. Credit constraints, equity market liberalizations and international trade[J]. Journal of International Economics, 2008, 76（1）: 33-47.

[35] Matsuyama K.. Credit market imperfections and patterns of international trade and capital flows [J]. Discussion Papers, 2005, 3（2-3）: 714-723.

[36] Melitz M. J., Ottaviano G. I. P.. Market Size, Trade and Productivity[J]. Review of Economic Studies, 2008,75（1）: 295-316.

[37] Melitz M. J.. The Impact of Tade on Intra-industry Reallocation and Aggregate Industry Productivity[J]. Econometrica, 2003,71（6）: 1695-1725.

[38] Munasib A., Roy D.. Financial reforms, product differentiation, and trade[J]. Economics Letters, 2014, 123（1）: 37-41.

[39] North D.. Institutional Change and Economic Performance[M]. Boston: Cambridge University Press, 1990.

[40] Novy D.. Is the Iceberg Melting Less Quickly: International Trade Costs after World War Ii[J]. Warwick Economics Research Paper, 2006.

[41] Nunn N.. Relationship-Specificity, Incomplete Contracts, and the Pattern of Trade[J]. Quarterly Journal of Economics, 2007, 122（2）: 569-600.

[42] Nunn N.. Trefler D.. Domestic Institutions as A Source of Comparative

Advantage[R]. NBER Working Paper, 2013.

[43] Ray M.. Northam. Urban Geography[M]. New York: Wiley, 1979.

[44] Ronny T., Narayanan K.. Productivity Heterogenetity and Firm Level Exports: Case of Indian Manufacturing Industy[C].The 11th Annual GEP Postgraduate Conference, 2012.

[45] Stroup M. D.. Economic Freedom, Democracy, and the Quality of Life[J]. World Development, 2007, 35（1）: 52-66.

[46] Tobin J.. Estimation of Relationships for Limited Dependent Variables[J]. Econometrica, 1958, 26（1）: 24-36.

[47] Vogel J.. Institutions and moral hazard in open economies[J]. Journal of International Economics, 2007, 71（2）: 495-514.

[48] Wagner J..Are Low-productive Exporters Marginal Exporters: Evidence from Germany[J]. Economics Bulletin,2013, 33（1）: 467-481.

[49] Wagner J..Exports and Productivity: A Survey of the Evidence form Firm-level Data[J].World Economy, 2007,30（1）: 60-82.